PORTFÓLIO, AVALIAÇÃO
E TRABALHO PEDAGÓGICO

COLEÇÃO
MAGISTÉRIO: FORMAÇÃO E TRABALHO PEDAGÓGICO

Esta coleção que ora apresentamos visa reunir o melhor do pensamento teórico e crítico sobre a formação do educador e sobre seu trabalho, expondo, por meio da diversidade de experiências dos autores que dela participam, um leque de questões de grande relevância para o debate nacional sobre a Educação.

Trabalhando com duas vertentes básicas – magistério/formação profissional e magistério/trabalho pedagógico –, os vários autores enfocam diferentes ângulos da problemática educacional, tais como: a orientação na pré-escola, a educação básica: currículo e ensino, a escola no meio rural, a prática pedagógica e o cotidiano escolar, o estágio supervisionado, a didática do ensino superior etc.

Esperamos assim contribuir para a reflexão dos profissionais da área de educação e do público leitor em geral, visto que nesse campo o questionamento é o primeiro passo na direção da melhoria da qualidade do ensino, o que afeta todos nós e o país.

Ilma Passos Alencastro Veiga
Coordenadora

BENIGNA MARIA DE FREITAS VILLAS BOAS

PORTFÓLIO, AVALIAÇÃO E TRABALHO PEDAGÓGICO

PAPIRUS EDITORA

Capa	Fernando Cornacchia
Foto de capa	Rennato Testa
Coordenação	Beatriz Marchesini
Copidesque	Lúcia Helena Lahoz Morelli
Diagramação	DPG Editora
Revisão	Anna Carolina Garcia de Souza e Solange F. Penteado

Dados Internacionais de Catalogação na Publicação (CIP)
(Câmara Brasileira do Livro, SP, Brasil)

Villas Boas, Benigna Maria de Freitas
   Portfólio, avaliação e trabalho pedagógico/ Benigna Maria de Freitas Villas Boas. – 8ª ed. – Campinas, SP: Papirus, 2012. – (Coleção Magistério: Formação e Trabalho Pedagógico)

Bibliografia.
ISBN 978-85-308-0756-6

1. Avaliação educacional 2. Pedagogia 3. Portfólios na educação 4. Professores – Formação I. Título. II. Série.

12-05139   CDD-370.783

Índice para catálogo sistemático:

1. Portfólios na avaliação escolar: Educação   370.783

8ª Edição – 2012
10ª Reimpressão – 2024
Tiragem: 60 exs.

Exceto no caso de citações, a grafia deste livro está atualizada segundo o Acordo Ortográfico da Língua Portuguesa adotado no Brasil a partir de 2009.

Proibida a reprodução total ou parcial da obra de acordo com a lei 9.610/98.
Editora afiliada à Associação Brasileira dos Direitos Reprográficos (ABDR).

DIREITOS RESERVADOS PARA A LÍNGUA PORTUGUESA:
© M.R. Cornacchia Editora Ltda. – Papirus Editora
R. Barata Ribeiro, 79, sala 316 – CEP 13023-030 – Vila Itapura
Fone: (19) 3790-1300 – Campinas – São Paulo – Brasil
E-mail: editora@papirus.com.br – www.papirus.com.br

*Para Francisco Luiz de Freitas (*in memoriam*)
e Maria Benigna Marques de Freitas, meus pais,
meus mestres e meus amigos.*

SUMÁRIO

APRESENTAÇÃO 9

1. SITUANDO A AVALIAÇÃO 21

2. SITUANDO O PORTFÓLIO 37

3. SITUANDO O PORTFÓLIO EM CURSOS DE FORMAÇÃO DE
PROFESSORES E DE DEMAIS PROFISSIONAIS DA EDUCAÇÃO 105

4. TECENDO ARTICULAÇÕES ENTRE PORTFÓLIO, AVALIAÇÃO
E TRABALHO PEDAGÓGICO 177

REFERÊNCIAS BIBLIOGRÁFICAS 187

APRESENTAÇÃO

O propósito deste livro é discutir as possibilidades de uso do portfólio, tendo como pontos de referência a avaliação em que ele se insere e o trabalho pedagógico do qual faz parte. Por isso, a intenção do primeiro capítulo é situar a avaliação: de que avaliação se fala? Parto de considerações gerais sobre a avaliação na vida cotidiana – porque em quase todas as situações ela está presente – e na escola – onde ela é intencional e sistemática. Discuto detalhadamente a avaliação informal, tendo em vista o tempo que ocupa no trabalho escolar e sua especificidade na educação infantil e nos anos iniciais da educação fundamental. Por fim, trato da avaliação formativa, por ser a que acolhe o portfólio.

Chego ao segundo capítulo, destinado à apresentação e à análise das possibilidades da avaliação por meio do portfólio. Como ele é um dos procedimentos que integram o processo de avaliação, após analisá-lo, o capítulo trata de dois outros componentes desse processo, a observação e a entrevista, igualmente importantes, mas de natureza diferente.

O terceiro capítulo aborda o portfólio em cursos de formação de profissionais da educação e apresenta dados de uma pesquisa realizada no curso de Pedagogia para Professores em Exercício no Início de Escolarização (PIE), em que o portfólio é adotado como procedimento da avaliação da aprendizagem de dois mil professores-alunos de escolas públicas do Distrito Federal.

O segundo e o terceiro capítulos são os mais longos, por constituírem a parte principal do livro. O quarto capítulo tece articulações entre portfólio, avaliação e trabalho pedagógico, concluindo que esse procedimento pode contribuir para que a escola pública seja a educadora do Brasil.

A justificativa para escrever um livro sobre portfólio parte da constatação de que a sociedade e, de certa forma, um grupo de professores e demais profissionais da educação atribuem à avaliação o objetivo de aprovar e reprovar, usando provas, predominantemente. A explicação para isso é que os adultos de hoje passaram pela escola e por cursos que assim entendiam a avaliação. Muitas escolas e um sem-número de cursos até hoje assim praticam a avaliação. Um grande número de professores, da educação infantil à universidade, avalia seus alunos reproduzindo a sistemática à qual foram submetidos como educandos. Dessa forma, poucas mudanças têm ocorrido.

Em situações de pesquisa e em encontros com professores da educação superior e da educação básica, quando me refiro à avaliação, a argumentação que me é dirigida refere-se a provas como se elas fossem sinônimo de avaliação. A avaliação até hoje está ligada a prova, notas, aprovação e reprovação. O discurso pode até apresentar seu objetivo como sendo o de promover a aprendizagem do aluno, mas ainda não é comum essa prática. Daí a necessidade de ampliação de estudos que ajudem professores e alunos a construir outra lógica de avaliação.

A avaliação é um tema velho e novo ao mesmo tempo. É velho, porque sempre existiu em escolas. É novo, porque, nos últimos anos, adquiriu grande importância. A exemplo dos países desenvolvidos, deixou de ser assunto de interesse interno das escolas, com a introdução dos exames externos. Em um texto por mim publicado em 2002, em que analiso o Programa Nacional de Avaliação em desenvolvimento na Inglaterra e no País de Gales há mais de 12 anos, confrontando-o com o que já se começava a fazer no Brasil, naquele ano, apresento resultados de pesquisas sobre o impacto desse programa em escolas inglesas (Villas Boas 2002, p. 31). Baseio-me principalmente, mas não exclusivamente, na investigação conduzida por Pollard *et al.*, de 1989 a 1997, por meio do projeto denominado "Primary Assessment Curriculum and Experience" (Pace), cujo objetivo foi acompanhar uma parte do primeiro grupo de alunos a vivenciar o Currículo Nacional[1] desde o início de sua escolarização até o término da escola primária. O trabalho foi desenvolvido por etapas. A primeira focalizou um grupo de 54 alunos da Fase 1 do currículo – cinco a sete anos – de nove escolas de regiões diferentes da Inglaterra, tendo sido concluída em 1992. A segunda etapa acompanhou o mesmo grupo de alunos na Fase 2 do currículo – de sete a nove anos – e foi concluída em 1994. A terceira etapa acompanhou o mesmo grupo de alunos na Fase 3 do currículo – de 9 a 11 anos –, quando é concluída a escola primária, tendo sido encerrada em 1997. Os resultados das duas primeiras etapas estão publicados nos livros de Pollard *et al.* (1994) e Croll (1996).

Como a pesquisa é ampla, dediquei-me a identificar e analisar apenas os dados mais diretamente relacionados à avaliação.

A pesquisa constatou que o tema que tem provocado maior insatisfação entre diretores e professores é a avaliação. Em 1990, 83% dos professores disseram que as exigências estavam fora da realidade e muitos outros apresentaram objeção ao princípio da avaliação nacional dos alunos de sete anos.

Os professores estudados:

- expressaram sua dificuldade em conciliar a participação dos alunos na tomada de certas decisões, o que era feito anteriormente, e as exigências do Currículo Nacional. Eles se sentiam forçados a prescrever cada vez mais as atividades e a restringir o espaço de autonomia da criança;
- contaram que a pressão quanto ao uso do tempo produzira modificações em seu relacionamento com os alunos. Perdera-se o sentido de diversão que o trabalho sempre proporcionara,

---

1. O Currículo Nacional e o Programa Nacional de Avaliação foram criados pelo Ato da Reforma Educacional, em 1988, pelo governo conservador da Inglaterra, que tinha, naquele ano, Margaret Thatcher como primeira-ministra.

porque o Currículo Nacional exigia a conquista de determinados objetivos;

- relataram estar perdendo os laços afetivos que costumavam ter com seus alunos;
- constataram aumento no uso do ensino puramente coletivo e diminuição da prática do ensino coletivo com interação dos alunos e uso efetivo do tempo;
- manifestaram preocupação particular com as crianças que apresentavam necessidades especiais. Sobrecarregados de tarefas, pressionados pelo tempo, e ainda duvidosos de que o Currículo Nacional fosse apropriado a essas crianças, temiam não mais poder atendê-las;
- enfatizaram a necessidade de a avaliação ser contínua e imediata, isto é, ser integrada ao trabalho pedagógico. Seu propósito deveria ser o de subsidiar a tomada de decisões pedagógicas.

Depoimentos de professores aos pesquisadores (Pollard *et al.* 1994, pp. 152, 156 e 160)[2] revelaram sua rejeição aos procedimentos da avaliação nacional padronizada, introduzida com quatro funções: diagnóstica, formativa, somativa e comparativa entre escolas. A avaliação que vinha sendo feita informalmente e baseada na abordagem holística contrastava com a exigência de apresentação das evidências de aprendizagem pelo Programa Nacional de Avaliação.

Os professores relataram que faziam observações sobre o desempenho dos alunos, mas não tinham o registro do que observavam, confiando em sua própria memória. As entrevistas revelaram que um grupo de professores considerava a avaliação um componente quase inexplicável, inconsciente, e parte integral do processo de tomada de decisão em que se baseava o ensino. Esse grupo não foi capaz de descrever como conduzia a avaliação. Em outro grupo situaram-se aqueles que faziam distinção explícita entre a avaliação intuitiva, com o seu propósito de fornecer informações, e a atividade

---

2. Alguns desses depoimentos estão no texto de Villas Boas 2002, pp. 31-71.

separada de registro de evidências para fins de divulgação e prestação de contas (Pollard *et al.* 1994, p. 191). A avaliação intuitiva, holística e informal contrastava com a formal, explícita e imposta externamente pelo Currículo Nacional. Outro achado relevante foi o uso da avaliação como forma de encorajamento dos alunos e de orientação aos próprios professores. Os depoimentos indicaram que havia mais ênfase no "como avaliar" e no "por que avaliar" do que no "o que avaliar".

Os achados do Projeto Pace concluíram que os testes externos não contribuíram para o alcance das quatro funções da avaliação nacional: diagnóstica, formativa, somativa e comparativa. Não se integraram devidamente à rotina escolar de modo a fornecer orientação aos professores e alunos sobre o desempenho individual. Não foram suficientemente detalhados para que pudessem oferecer informações somativas em que os professores, os pais e o público em geral pudessem confiar. Afirmam os pesquisadores que, no contexto da educação primária inglesa, em que "a criança como o centro" ainda é a abordagem predominante, não é possível planejar tarefas avaliativas ou testes que não estejam sujeitos aos efeitos do contexto (Pollard *et al.* 1994, p. 225).

Para os professores, o aspecto central era avaliar até que ponto os resultados dos testes poderiam integrar-se ou adaptar-se ao trabalho pedagógico de modo a fazer parte da avaliação contínua, sob sua responsabilidade. Sua oposição a esse tipo de avaliação relacionava-se aos aspectos da avaliação sobre os quais eles não tinham controle: a) a classificação dos alunos por eles produzida; b) o uso inadequado dos resultados de modo a criar competição entre pais e escolas; c) os efeitos indesejáveis no currículo causados pela organização dos testes e o tempo consumido em sua aplicação; d) a injustiça que recaía sobre certas crianças; e) a existência de procedimentos arbitrários de agregação e moderação; f) a falta do valor genuinamente formativo como consequência de todas as imposições.

Goldstein (1997, p. 18) afirma que os testes externos foram introduzidos com o objetivo principal de fornecer dados para a comparação entre escolas, possibilitando ao governo a elaboração de seu *ranking*. A responsabilidade das escolas em relação à avaliação, acrescenta o autor, é encorajar a aprendizagem das crianças, o que não se obtém com tal *ranking*

– com o qual ele não concorda, por considerar que o desempenho de uma escola é altamente determinado pelos conhecimentos alcançados pelos alunos antes de frequentá-la. As escolas diferem muito quanto a isso, pois cada uma recebe alunos de procedências e experiências variadas. Algumas, por exemplo, como acontece na Inglaterra, são altamente seletivas. Tudo isso impossibilita julgar a qualidade da educação *dentro da escola* levando em conta apenas os resultados da aprendizagem.

Os pesquisadores do Projeto Pace concluem que o uso da avaliação para classificar os alunos e relatar desempenho comparativo das escolas mostra que a tensão entre o governo e a categoria dos professores baseia-se no fato de que cada lado tem diferentes valores e diferente entendimento do papel da educação (Pollard *et al.* 1994, p. 226). Embora a ideia de currículo nacional fosse aceita por grande parte dos pesquisados, as mudanças ocorridas no trabalho pedagógico escolar em relação à atuação dos diretores, ao conteúdo do currículo, ao ensino e à avaliação afastaram-se da autonomia escolar.

Os procedimentos de avaliação introduzidos pelo Ato da Reforma Educacional de 1988 tornaram-se conhecidos não apenas pelas equipes das escolas, mas por todos os setores da sociedade; tais procedimentos têm sido considerados as medidas educacionais governamentais mais controvertidas. Os testes padronizados foram largamente debatidos pelos meios de comunicação. Novas obrigações foram impostas aos professores em relação à correção dos testes, ao registro de dados de avaliação e divulgação dos resultados.

No Brasil, estamos seguindo os mesmos passos. Em texto anterior, afirmo que

> (...) o que vem acontecendo há 13 anos na Inglaterra nos leva a refletir sobre os objetivos e as conseqüências da implantação de um programa nacional de avaliação no Brasil. Embora ainda não tenhamos um "programa", porque os três níveis de avaliação (Saeb, Enem e provão) não estão articulados, tudo indica que isso esteja perto de ocorrer, porque a avaliação deixou de fazer parte apenas do cenário educacional para inserir-se na agenda político-econômica mundial. (Villas Boas 2002, p. 50)

No ano de 2003, com o início do governo Lula, o Brasil passou a conviver com a situação incômoda, para alguns, provocada pelo anúncio de uma possível eliminação do "provão" – apelido dado à prova aplicada aos alunos de cursos de graduação. A comissão instituída pelo então ministro da Educação, professor Cristovam Buarque, primeiro ministro da Educação do governo Lula, propôs o Sistema Nacional de Avaliação da Educação Superior (Sinaes), do qual a prova aplicada aos alunos dos cursos de graduação continuaria fazendo parte. Contudo, a comissão pretendia que essa prova deixasse de ser obrigatória, assim como deixasse de ser a parte principal da avaliação, que passaria a combinar a avaliação externa e a interna. O Sinaes pretendia incluir os seguintes instrumentos de avaliação: autoavaliação institucional, avaliação institucional externa, avaliação das condições de ensino e o Paideia. Este último teria uma prova aplicada, por amostragem, aos alunos, no meio e no final do curso.

A proposta da comissão, assim que foi divulgada, provocou a ira de muitos setores da sociedade, expressa por meio de jornais e revistas. Onde está o problema?

A revista *Veja* externou agressivamente sua rejeição, em três ocasiões. Na primeira delas, em 10/9/2003, o articulista Cláudio Moura Castro trata do fim do "provão", de forma irônica. Inicia a reportagem afirmando que "um dos grandes instrumentos de proteção ao cidadão e ao consumidor é a comparação". Acrescenta:

> Em alguns países, como os Estados Unidos, *ranqueia-se* de tudo: escolas, universidades, hospitais, planos de saúde, empresas. O Brasil, que não é muito afeito à produção estatística, inventou há sete anos um *ranking* admirável: o Exame Nacional de Cursos, mais conhecido como Provão. Essa avaliação, feita a pedido do MEC por uma comissão de especialistas, resultava em outros três *rankings*, também divulgados à opinião pública. A atual comissão sugere fazer algo diferente. Quer matar o Provão e inventar uma auto-avaliação feita por alunos, professores e funcionários. Ou seja, venceu o corporativismo da UNE e dos funcionários e professores das universidades estatais. Todos detestavam o Provão, pelo simples motivo de que não gostam de ser avaliados. Na proposta, os estudantes vão avaliar a coerência do currículo e será digna de registro sua participação em programas de cunho social. Alguns desses itens são tão abstratos que não dá para imaginar como serão mensurados. Ninguém

tem o direito de reclamar quando alguém resolve testar um sistema de avaliação, mas destruir o que está funcionando é uma idéia nefasta. Além disso, comparações eficientes só podem ser feitas por séries históricas. E o governo petista pode estar jogando no lixo sete anos de dados só porque o Provão é "tucano".

O próprio título da reportagem e também o teor da argumentação demonstram que o foco da discordância é o "provão"; não se questiona a sistemática de avaliação. Esta não interessa, muito menos o objetivo que ela cumpre e a quem ela serve.

Em reportagem do dia 15 de setembro do mesmo ano, com o título de "Ministro reprovado", referindo-se ao então ministro da Educação, Cristovam Buarque, o mesmo semanário afirma:

> A equipe de Buarque não cogitou aprimorar o sistema, preferiu propor logo sua extinção. Em seu lugar, pretende instituir uma confusa metodologia que inclui auto-avaliação de alunos e professores, visitas de comissões e uma prova não-obrigatória e por amostragem que atenderia pelo pomposo nome de Paidéia – ideal de educação da Grécia antiga. (P. 43)

Essa mesma reportagem inclui depoimento do ex-ministro da Educação Paulo Renato de Souza, antecessor de Cristovam Buarque, sobre a proposta mencionada: "É um pacto de mediocridade. As mudanças uniram o que há de mais retrógrado nas universidades públicas e nas instituições que não gostam de ser avaliadas".

Outra reportagem da revista *Veja*, do dia 22 de outubro de 2003, dessa vez sobre a explosão de cursos no país nos últimos anos, após apresentar e analisar dados sobre o surgimento de novos cursos no Brasil, conclui assim a argumentação desenvolvida: "O governo tem à disposição um ótimo termômetro para aferir a qualidade dos cursos: o Provão. É uma ferramenta mágica para separar o joio do trigo". O mesmo semanário considera o "provão" "um *ranking* admirável". É essa concepção de avaliação que deve nortear o trabalho pedagógico das instituições formadoras? É bom lembrar que é nas universidades que se formam professores para a educação básica. Além disso, os docentes universitários, que em sua maioria não têm formação pedagógica, inspiram-se em seus professores e nas práticas do trabalho universitário para construir sua maneira de atuar. A avaliação assume grande importância nesse processo, porque, atrelada a objetivos, constitui o par que direciona outro par, o de conteúdos/método. Segundo a argumentação de Cláudio Moura Castro, a avaliação serve para promover a comparação, o que não corresponde ao sentido pedagógico que ela tem na educação.

Novamente indago: onde está o problema? O problema está na confusão que se faz entre prova e avaliação. Não são sinônimos. A prova pode fazer parte da avaliação, mas esta não se reduz a ela – tem âmbito maior. Outro problema: a sociedade ainda não está preparada para aceitar a avaliação, no seu verdadeiro sentido. Todos nós fomos submetidos a provas como único instrumento de avaliação em toda nossa trajetória escolar. Os pais, principalmente, cobram o uso da prova. Os alunos a reivindicam e as escolas, de modo geral, insistem em aplicá-la, sem questionar suas implicações. Mudar a concepção de avaliação centrada na classificação, na seleção e na exclusão é tarefa difícil, porém necessária. A comissão que propôs o Sinaes queria a implantação de práticas avaliativas amplas, que tivessem como foco não apenas o aluno, mas o trabalho pedagógico de toda a instituição, assim como a atuação dos professores e dos diversos profissionais da educação que nela trabalham. O Sinaes também não queria a avaliação que resultasse em punição para o aluno e em competição entre cursos e instituições. Um dos méritos da proposta seria a autoavaliação institucional, feita por professores, alunos e demais profissionais da instituição, seguindo um roteiro mínimo, elaborado pela Comissão Nacional de Avaliação da Educação Superior (Conaes). Outro aspecto que se destaca é a proposta de o Paideia ser um processo de avaliação da trajetória da área ao longo do tempo, e não um exame de verificação. Seu objetivo não seria *ranquear* os cursos, mas analisar como a área é considerada em relação à formação proporcionada aos alunos. Essa sistemática poderia criar cultura avaliativa que visasse à aprendizagem do aluno e do professor e ao desenvolvimento dos diversos cursos e de instituições. Em poucos meses a proposta do Sinaes caiu por terra.

Vivemos o momento propício para repensarmos a avaliação que praticamos e propormos a que consideramos necessária, porque as mudanças nas políticas de avaliação certamente influenciarão as práticas adotadas nas escolas de todos os níveis.

Há mais de dez anos, dedico-me a estudar e a investigar a avaliação no contexto do trabalho pedagógico com base na crença de que ela não acontece isoladamente, mas articulada ao trabalho de toda a escola/curso e ao da "sala de aula" (esta entendida como os espaços/tempos em que ocorre a interação professor/alunos). Tenho me dedicado a esses estudos como professora de curso de magistério, em nível médio, e de cursos de licenciatura e de mestrado em educação e como pesquisadora do tema dentro de escolas e de salas de aula da educação fundamental e média, em escolas das redes pública e privada, e em cursos de nível superior, no Distrito Federal. Além disso, tenho orientado dissertações de mestrado em educação cujo foco de pesquisa é a avaliação. Todo esse contato com o tema me tem possibilitado conhecer as dificuldades para o desenvolvimento da avaliação, as tentativas para sua superação e algumas experiências positivas que merecem divulgação. Como se sabe, as dificuldades são muitas. Talvez se possa afirmar que a maior responsável por elas seja a inadequada preparação dos professores e demais profissionais da educação para avaliar.

As pesquisas que tenho realizado têm revelado o seguinte:

- a avaliação do aluno em todos os momentos e espaços escolares, por todos os que com ele interagem e não apenas pelo professor em sala de aula;
- a predominância de práticas avaliativas classificatórias, seletivas e excludentes, pelo fato de enfatizarem o uso de provas que solicitam mais a reprodução do que a construção do conhecimento, e por terem como objetivo primordial aprovar ou reprovar;
- a forte presença da avaliação informal, principalmente nos anos iniciais da educação fundamental;
- a existência de problemas éticos, tais como: a avaliação da pessoa do aluno e não propriamente do seu desempenho; a avaliação da família do aluno; somente o aluno ser avaliado e apenas pelo professor; emissão de comentários sobre a pessoa e o desempenho do aluno nos vários ambientes e durante eventos escolares etc.;

- a utilização de procedimentos de avaliação baseados quase exclusivamente na linguagem escrita;
- a interdependência das avaliações formal e informal;
- a grande dificuldade dos professores, principalmente os da educação básica, para conduzir a avaliação;
- a inexistência do planejamento da avaliação;
- a recuperação de estudos assumindo a forma de aplicação de outra prova;
- a articulação da avaliação à organização do trabalho pedagógico descomprometido com a aprendizagem de cada aluno, com a aprendizagem do professor e com o desenvolvimento da escola;
- a inexistência de avaliação do trabalho pedagógico da escola;
- a necessidade, percebida pelos próprios professores, de se fundamentarem para a adoção de práticas avaliativas que garantam a aprendizagem de todos os alunos.

A realização de pesquisas sobre avaliação dentro de escolas e o trabalho com alunos de graduação e pós-graduação na Faculdade de Educação da Universidade de Brasília me têm feito refletir sobre a necessidade de se construírem práticas avaliativas correspondentes a uma concepção de avaliação que seja aliada do aluno e do professor. Há cerca de cinco anos venho trabalhando com o portfólio na disciplina "avaliação da aprendizagem", do curso de Pedagogia. Além disso, desde 2001, venho coordenando o uso do portfólio no curso de Pedagogia para Professores em Exercício no Início da Escolarização (PIE), oferecido a dois mil professores por meio do convênio estabelecido entre a Faculdade de Educação/UnB e a Secretaria de Estado de Educação do Distrito Federal (SEE/DF). O uso desse procedimento de avaliação tem sido possível graças ao trabalho competente de um grupo de 55 professores da SEE/DF, à disposição da UnB, que fizeram um curso de especialização, denominados de mediadores,[3] e com

---

3. São assim denominados por terem contato direto e constante com os professores-alunos.

quem me reúno periodicamente para analisar o andamento das atividades. Trata-se de uma iniciativa pioneira e ousada de avaliação da aprendizagem desses dois mil professores-alunos[4] por meio de um procedimento não convencional, que rompe com a avaliação tradicional, possibilitando que eles o coloquem em prática nas escolas onde atuam. O referencial teórico para esse trabalho vem sendo construído gradativamente. Surgiu, assim, a necessidade de registrar o que vem a ser o portfólio, suas possibilidades e limitações, como ele pode ser construído e o seu significado em escolas e cursos, de modo geral, e particularmente nos de formação de professores.

---

4. São assim chamados porque o curso se destina a professores em exercício nas séries iniciais da educação fundamental.

1
SITUANDO A AVALIAÇÃO

Avaliação no nosso cotidiano

A avaliação acontece a todo momento e em várias atividades da nossa vida. Estamos sempre fazendo apreciações sobre o que vemos, o que fazemos, o que ouvimos, o que nos interessa e o que nos desagrada. Estamos sempre julgando. E como gostamos de usar adjetivos! Praticamos a avaliação quando estamos em uma fila de banco ou de supermercado: para alguns, o atendimento é rápido; para outros, pode ser percebido como lento. Praticamos a avaliação quando estamos fazendo compra em uma feira: analisamos os preços, comparamos, pechinchamos e decidimos pela compra de um ou outro produto. Ao assistirmos a um programa de televisão, em casa, junto com nossos familiares, fazemos comentários sobre a apresentação dos atores, sobre suas roupas, sobre os temas debatidos e sobre a maneira de tratá-los. Recomendamos ou não o programa a outras pessoas. Tudo isso é avaliação. Dizemos com frequência: "O desempenho desse artista é ótimo!"; "Esse filme é denso"; "A música do filme é relaxante"; "Como os preços estão altos!". Os adjetivos estão sempre presentes em nossas apreciações.

Avaliação na escola

Na escola isso também acontece, só que nela a avaliação é intencional e sistemática e os julgamentos que ali são feitos têm muitas consequências, algumas positivas, outras negativas. Mesmo antes de a criança chegar à escola, no momento de sua matrícula, a avaliação pode começar. Ainda não é a avaliação por meio de provas e exercícios, mas por meio das informações que mostram quem é a criança: onde mora, com quem mora, o que sua família faz etc. Até o fato de a matrícula ser feita por outra pessoa que não seja o pai ou a mãe provoca algum tipo de avaliação. Muitas vezes nesse momento começa a ser construída a imagem que a criança terá enquanto estiver naquela escola. Essa é uma das consequências da avaliação que podem influenciar a maneira de a criança ser tratada na escola, repercutindo em sua trajetória escolar e de vida. Certa vez, pesquisando a avaliação praticada em uma escola do Distrito Federal que atendia alunos da educação infantil e dos anos iniciais da educação fundamental, durante uma reunião de professores, ouvi uma professora explicar, da seguinte forma, quem era o aluno da 1ª série sobre o qual ela falava: "É aquele cujo avô veio fazer sua matrícula e estava bêbado". A criança em questão parece ter ficado com essa marca naquela escola.

A avaliação acontece de várias formas na escola. É muito conhecida a avaliação feita por meio de provas, exercícios e atividades quase sempre escritas, como produção de textos, relatórios, pesquisas, resolução de questões matemáticas, questionários etc. Quando a avaliação é realizada dessa forma, todos ficam sabendo que ela está acontecendo: alunos, professores e pais. Esse tipo de avaliação costuma receber nota, conceito ou menção. É o que chamamos de *avaliação formal*.

Mas há outro tipo de avaliação muito frequente, principalmente na educação infantil e nos anos iniciais da educação fundamental: é aquela que se dá pela interação de alunos com professores, com os demais profissionais que atuam na escola e até mesmo com os próprios alunos, em todos os momentos e espaços do trabalho escolar. Trata-se da chamada *avaliação informal*. Ela é importante porque dá chances ao professor de conhecer mais amplamente cada aluno: suas necessidades, seus interesses, suas capacidades. Quando um aluno mostra ao professor como está realizando uma tarefa, ou quando lhe pede ajuda, a interação que ocorre nesse momento é uma prática avaliativa, isto é, o professor tem a oportunidade de acompanhar e conhecer o que o aluno já aprendeu e o que ele ainda não aprendeu. Quando circula pela sala de aula observando os alunos trabalharem, o professor também está analisando, isto é, avaliando o trabalho de cada um. São momentos valiosos para a avaliação.

A diferença entre a avaliação informal e a formal é que a informal nem sempre é prevista e, consequentemente, os avaliados, no caso os alunos, não sabem que estão sendo avaliados. Por isso deve ser conduzida com ética. Precisamos nos lembrar sempre de que o aluno se expõe muito ao professor ao manifestar suas capacidades e fragilidades e seus sentimentos. Cabe à avaliação ajudar o aluno a se desenvolver, a avançar, não devendo expô-lo a situações embaraçosas ou ridículas. A avaliação serve para encorajar e não para desestimular o aluno. Por isso, rótulos e apelidos que o desvalorizem ou humilhem não são aceitáveis. Gestos e olhares encorajadores por parte do professor são bem-vindos. Afinal de contas, a interação do professor com os alunos é constante e muito natural. Uma piscadela de forma acolhedora e amiga, indicando que o aluno está no caminho adequado, lhe dá ânimo. A avaliação informal dá grande flexibilidade de julgamento ao professor, devendo ser praticada com responsabilidade. Um dos exemplos disso é o costumeiro "arredondamento de notas", que consiste em o professor aumentá-las ou diminuí-las segundo critérios por ele definidos e nem sempre explicitados. Além disso, esses critérios costumam ser diferentes para cada aluno. Esse arredondamento é feito com base nessa modalidade de avaliação. Quando o arredondamento é feito para aumentar a nota, os argumentos usados costumam ser mais ou menos assim: o aluno é organizado, frequente, bonzinho, faz os deveres de casa. Por outro lado, o arredondamento é feito também para diminuir a nota, usando-se justificativas do seguinte tipo: o aluno é desobediente, conversador, não faz as atividades, chega atrasado, é preguiçoso. São argumentos advindos da avaliação informal. É preciso deixar claro que a avaliação informal é muito importante e pode ser uma grande aliada do aluno e do professor, se for empregada adequadamente, isto é, para promover a aprendizagem do aluno. Um argumento a seu favor é que ela acontece em ambiente natural e revela situações nem sempre previstas, o que pode ser altamente positivo se soubermos tirar proveito dela e se não a usarmos de forma punitiva. O professor atento, interessado na aprendizagem do seu aluno e investigador da realidade pedagógica procurará usar todas as informações advindas da informalidade para cruzá-las com os resultados da avaliação formal e, assim, compor sua compreensão sobre o desenvolvimento de cada aluno.

A avaliação informal não é inteiramente planejada. O professor coloca-se à disposição dos alunos para auxiliá-los em seu trabalho, mas as reações que ocorrem são espontâneas e imprevisíveis. Muitas vezes ele é surpreendido com perguntas e pedidos de ajuda apresentados de formas as mais variadas, tendo em vista as diferenças dos alunos. A avaliação informal não é planejada no sentido de que não conta com instrumentos prévios para coleta de dados, como acontece com a formal. Contudo, o professor deve estar preparado para perceber tudo o que acontece e para fazer os registros. Esses dados, incorporados aos da avaliação formal, serão úteis.

É preciso ter cautela com a avaliação informal: ela é uma faca de dois gumes, podendo servir a propósitos positivos e negativos, dependendo da forma de interação do professor com os alunos. O uso da avaliação informal em benefício da aprendizagem do aluno se dá quando, por meio dela, ele recebe encorajamento. Isso pode acontecer quando o professor:

- dá ao aluno a orientação de que ele necessita, no exato momento dessa necessidade;
- manifesta paciência, respeito e carinho ao atender a suas dúvidas;
- providencia os materiais necessários à aprendizagem;
- demonstra interesse pela aprendizagem de cada um;
- atende a todos com a mesma cortesia e o mesmo interesse, sem demonstrar preferência;
- elogia o alcance dos objetivos da aprendizagem;
- não penaliza o aluno pelas aprendizagens ainda não adquiridas, mas, ao contrário, usa essas situações para dar mais atenção ao aluno, para que ele realmente aprenda;
- não usa rótulos nem apelidos que humilhem ou desprezem os alunos;

- não comenta em voz alta suas dificuldades ou fraquezas;
- não faz comparações;
- não usa gestos nem olhares de desagrado em relação à aprendizagem.

O contato longo e duradouro do professor de educação infantil e anos iniciais da educação fundamental com seus alunos o conduz a um conhecimento amplo da criança e até mesmo de sua família. Esse professor trabalha com uma mesma turma de segunda a sexta-feira, durante todo o período escolar, exercendo ação intensiva sobre ela. Essa ação, se for impregnada de dependência e autoritarismo, oportuniza a emissão de comentários, rótulos, ameaças, repreensões e castigos. Nesse caso, a situação é agravada se a avaliação informal for pública, isto é, feita em voz alta, para todos os alunos ouvirem, e se focalizar a pessoa do aluno (Villas Boas 1993).

Em uma pesquisa por mim conduzida em uma escola pública do Distrito Federal, observei o seguinte ritual pedagógico em turmas de 1ª a 4ª série da educação fundamental. Como primeira atividade do dia, as professoras passavam de carteira em carteira (nesse primeiro momento do trabalho, a sala de aula estava sempre com as carteiras em fileiras), para "verificar" em cada caderno se o aluno havia feito o dever de casa. O objetivo não era identificar o que cada criança já havia aprendido e o que ainda não havia aprendido, mas controlar o ato de "fazer o dever de casa". Os nomes daqueles que não haviam cumprido a tarefa eram anotados no quadro de giz e nesse momento eles já eram informados de que não teriam recreio; ficariam em sala fazendo os deveres de casa. No caderno de determinados alunos, a professora escrevia um bilhete a ser entregue aos pais, informando que seu filho só entraria na escola no dia seguinte acompanhado de um deles. Nessa primeira parte do trabalho do dia, que durava cerca de 30 minutos, aconteciam "broncas", ameaças e castigos. Assim começava o dia escolar. Logicamente, não começava bem. Já se instala um clima desfavorável ao trabalho. Essa avaliação informal prosseguia durante toda a aula (Villas Boas 1993).

Observando uma sala de aula de 1ª série do ensino fundamental, na periferia de Campinas, L.C. de Freitas (1995, p. 187) constatou que a "atividade de avaliação, freqüentemente, confunde-se com a aprendizagem propriamente dita, sendo quase impossível separá-las". Isso significa que a ação intensiva exercida pelo professor pode influenciar positiva ou negativamente a formação da autoestima pela criança. A avaliação formal (provas, ditados, exercícios diversos, produção de textos etc.) ocupa muito menos tempo do trabalho escolar do que a avaliação informal. No entanto, observa-se que a disciplina "didática" – a que se ocupa de conteúdos de avaliação nos cursos de formação de profissionais da educação, em níveis médio e universitário – costuma dar ênfase à construção de "instrumentos de verificação do rendimento escolar". Livros de didática geralmente apresentam o tema "avaliação escolar" em capítulo próprio e como um dos últimos que compõem a obra. Esse é, comumente, o tratamento recebido pela avaliação, em livros e programas de ensino: o último ou um dos últimos itens. Na maioria das vezes, o último tema de uma disciplina ou curso não chega a ser discutido ou o é de maneira abreviada, por falta de tempo. No ano de 1994, uma aluna do curso de Pedagogia da UnB, que concluiu o curso de Magistério, relatou que, neste último, nada estudou sobre avaliação, pois "não deu tempo". E foi considerada habilitada a trabalhar na educação infantil e nos anos iniciais da educação fundamental! Outra constatação foi a de que, no mês de novembro desse mesmo ano, portanto ao final de um ano letivo, o tema estava sendo trabalhado, em determinadas Escolas Normais do Distrito Federal, por estagiários do curso de Pedagogia, em uma única aula, sem a presença do professor titular da disciplina "didática". Esse fato indica a pouca atenção dispensada ao tema.

Estando a avaliação informal tão presente na sala de aula e na escola, seria de esperar que, em cursos de formação de profissionais da educação, essa modalidade também fosse largamente analisada e investigada, tendo em vista suas implicações para o processo de aprendizagem.

Na já mencionada pesquisa que realizei no Distrito Federal, com turmas de 1ª a 4ª série do ensino fundamental, constatei que a prática de ensino não diferenciado possibilitava às professoras circularem pela sala, enquanto os alunos trabalhavam, observando e fazendo comentários sobre o desenvolvimento das tarefas e sobre seu comportamento (Villas Boas 1993). A avaliação ocorre logo que se forma no espírito do professor um juízo de valor sobre a competência do aluno, sua inteligência, sua personalidade, seu comportamento (Perrenoud 1986, p. 50). A avaliação informal concorre, em grande parte, para a formação desse juízo. Quando se vive ou se trabalha mais longamente com as mesmas pessoas, a avaliação informal "toma mais consistência e os julgamentos de excelência influenciam as condutas e a dinâmica das relações sociais, mesmo se eles não são expressos, mesmo se eles se formam com o desconhecimento das pessoas interessadas" (Perrenoud 1984, p. 136).

A avaliação informal ocorre mais frequentemente partindo do professor em direção ao aluno. Mas os alunos avaliam os colegas, os professores e o trabalho pedagógico. O que acontece é o não aproveitamento das suas apreciações e considerações, porque ainda existe o entendimento de que a avaliação serve para atribuir nota e para aprovar e reprovar os alunos.

Pesquisas têm demonstrado a presença constante de comentários públicos de professores sobre a pessoa do aluno (Villas Boas 1993; Bertagna 2003). Em muitas situações, avalia-se mais a pessoa do aluno do que sua aprendizagem. Emitem-se mais desencorajamentos do que encorajamentos. Na pesquisa que conduzi (Villas Boas 1993) sobre práticas avaliativas em turmas de 1ª a 4ª série da educação fundamental, constatei que, ao circularem pela sala enquanto os alunos trabalhavam, as professoras não se detinham junto daqueles que necessitavam de orientação. Pelo contrário, por meio de rótulos e repreensões, expunham, em voz alta, dificuldades e deficiências, criando-se, algumas vezes, situações constrangedoras. Alunos que chegavam atrasados às aulas, ao entrarem na sala, eram recebidos pelas professoras da 4ª série (as mais rígidas) com comentários, às vezes, irônicos. Uma forma frequente de ironia era chamar as meninas de "dona": "Dona Criste, por que chegou atrasada?". Sendo público o comentário, toda a turma assistia à situação de constrangimento do aluno posto na berlinda. Nessas ocasiões, percebia-se que o aluno, ao entrar atrasado, apresentava o semblante tenso, pois certamente já esperava pela manifestação de desagrado da professora. Nessas condições, o trabalho escolar não pode ser interessante para o aluno. É um trabalho que não lhe pertence.

Observou-se, também, por meio da pesquisa por mim realizada (Villas Boas 1993), a prática constante de rotular os alunos de "preguiçosos". Crianças dessa faixa etária ainda estão formando seu autoconceito e sua autoestima; esse processo se dá por meio da imagem que seus professores e colegas fazem delas. Portanto, a avaliação informal pode contribuir para a formação do autoconceito positivo ou negativo. Os frequentes comentários públicos do professor acerca de um aluno fazem com que os colegas passem a percebê-lo daquela forma e emitam as mesmas apreciações. Quantos apelidos, às vezes depreciativos, surgem na escola e permanecem por toda a vida!

A avaliação informal costuma extrapolar a sala de aula. Presenciei o uso de informações obtidas pela avaliação informal realizada em sala de aula em outros momentos e espaços escolares (Villas Boas 1993; 1994). Professores, diretores, orientadores educacionais e coordenadores comentavam aspectos pessoais, familiares e de desempenho dos alunos em reuniões diversas e nos encontros informais na sala dos professores. As professoras de 1ª a 4ª série avaliavam até as famílias de seus alunos, tão intensa era sua atuação sobre eles. Além disso, a imagem que se formava de cada família era objeto de comentários nas reuniões e nos "horários de cafezinho". A imagem dos alunos feita pelos professores circula pela escola, podendo permanecer imutável enquanto eles ali estiverem.

Nessa pesquisa (Villas Boas 1993), percebi que a avaliação informal se exerceu mais duramente na 1ª e na 4ª séries, o que demonstra que a avaliação direciona a organização do trabalho pedagógico. A justificativa encontrada é a de que, na 1ª série, as crianças estavam sendo introduzidas na cultura escolar (era grande a exigência de ordem e disciplina) e a 4ª era a última série cursada naquela escola, que atendia alunos de 1ª a 4ª série. No caso da 1ª série, a avaliação mostrou-se um instrumento eficaz para adaptar os alunos às normas escolares, recheadas de relações de poder e subordinação. No caso da 4ª, como os alunos seriam encaminhados a outro estabelecimento de ensino, de tamanho maior, de funcionamento mais complexo, e como iriam se submeter a outro esquema de trabalho, com a coordenação de muitos professores, inclusive homens, a antiga escolinha talvez se sentisse no dever de "prepará-los bem" para enfrentar a nova vida e de apresentar "bom" resultado de seu trabalho.

Em algumas situações, o professor interage tão intensamente com a criança que passa a avaliar também sua família. Sendo tão importante, essa avaliação exige cuidados: nem tudo o que o professor observa sobre o aluno pode ser comentado em voz alta e divulgado para outras pessoas. Portanto, é importante saber que:

- a avaliação não pode expor a criança a situações constrangedoras;
- a avaliação tem de ser feita com ética: não se podem usar suas informações para outro objetivo que não seja o de contribuir para a aprendizagem do aluno;
- as fragilidades do aluno não devem ser relatadas publicamente;
- o que está sendo avaliado é a aprendizagem do aluno e não suas características pessoais.

Tanto a avaliação formal quanto a informal são importantes, devendo ser empregadas no momento certo e de maneira adequada. Precisamos avançar nosso entendimento sobre cada uma delas, a forma de desenvolvê-las, assim como precisamos saber articular os resultados obtidos por ambas. A relevância da utilização das duas está no fato de que o aluno demonstra sua aprendizagem em forma de diversas linguagens: escrita, oral, gráfica, estética, corporal etc. A avaliação formal é insuficiente para abranger todos os estilos de aprendizagem. A informal pode complementá-la.

Para que serve a avaliação?

A avaliação existe para que se conheça o que o aluno já aprendeu e o que ele ainda não aprendeu, para que se providenciem os meios para que ele aprenda o necessário para a continuidade dos estudos. Cada aluno tem o direito de aprender e de continuar seus estudos. A avaliação é vista, então, como uma grande aliada do aluno e do professor. Não se avalia para atribuir nota, conceito ou menção. Avalia-se para promover a aprendizagem do aluno. Enquanto o trabalho se desenvolve, a avaliação também é feita. Aprendizagem e avaliação andam de mãos dadas – a avaliação sempre ajudando a aprendizagem.

Avalia-se, também, para saber como foi desenvolvido o trabalho pedagógico de toda a escola e o da sala de aula. Avaliam-se as atividades organizadas pela escola, como conselhos de classe, reuniões com pais, reuniões com professores, atividades esportivas, feiras, exposições, jornal escolar, festas e outras.

Avaliam-se a atuação dos professores e a dos demais profissionais da educação que trabalham na escola. Todos são avaliados e todos avaliam. Cria-se, assim, a cultura avaliativa da escola, baseada na parceria, no respeito mútuo, na responsabilidade, na seriedade e no rigor.

Essa avaliação que promove a aprendizagem do aluno e do professor e o desenvolvimento da escola é denominada de formativa, em oposição à avaliação tradicional, que visa à aprovação e à reprovação, à atribuição de notas, e que se vale quase que exclusivamente da prova.

Segundo Allal (1986, p. 176), a expressão "avaliação formativa" foi introduzida por Scriven em 1967, em um artigo sobre a avaliação dos meios de ensino (currículo, manuais, métodos etc.). Nesse contexto, "os processos de avaliação formativa são concebidos para permitir ajustamentos sucessivos durante o desenvolvimento e a experimentação de um novo *curriculum*, manual ou método de ensino". Posteriormente, Bloom (*apud* Allal 1986, p. 176) e seus seguidores aplicaram a avaliação formativa à avaliação dos alunos, com o objetivo de orientá-los para a realização de seu trabalho, ajudando-os a localizar suas dificuldades e a progredir em sua aprendizagem. Opõe-se à avaliação somativa, que constitui "um balanço parcial ou total de um conjunto de aprendizagens" (Cardinet 1986, p. 14). Distingue-se da avaliação diagnóstica por apresentar "conotação menos patológica, não considerando o aluno como um caso a tratar; considera os erros como normais e característicos de um determinado nível de desenvolvimento na aprendizagem" (*idem*, p. 14). A avaliação formativa requer profunda mudança de atitude, adverte o mesmo autor: "O erro do aluno não mais é considerado como uma falta passível de repreensão, mas como uma fonte de informação essencial, cuja manifestação é importante favorecer" (Cardinet 1986, p. 21).

Ao tratarem das diferenças e das relações entre a avaliação formativa e a somativa observadas nos países do Reino Unido, com repercussão em outros, como Estados Unidos, Austrália, Nova Zelândia e os da Europa, Harlen e James (1997, p. 365) nos ajudam a refletir sobre o que já está acontecendo no Brasil, com a implantação da avaliação externa. Relatam os autores que os propósitos da avaliação formativa e os da somativa tornaram-se confusos na prática, provocando dificuldades no desenvolvimento da função formativa, cuja importância se relaciona à aprendizagem com compreensão. Argumentam que os propósitos de ambas diferem em vários aspectos, dentre eles o referencial para julgamento e o foco das informações usadas. Isso conduz à suposição de que os "julgamentos somativos podem ser formados pela simples soma dos formativos".

Harlen e James (*op. cit.*, p. 366) apontam as características da avaliação formativa:

- é conduzida pelo professor (esta é a principal);
- destina-se a promover a aprendizagem;
- leva em conta o progresso individual, o esforço nele colocado e outros aspectos não especificados no currículo; em outras palavras, não é inteiramente baseada em critérios;
- na avaliação formativa, capacidades e ideias que, na avaliação somativa, poderiam ser classificadas como "erros" fornecem informações diagnósticas;
- os alunos exercem papel central, devendo atuar ativamente em sua própria aprendizagem; eles progredirão se compreenderem suas possibilidades e fragilidades e se souberem como se relacionar com elas.

Esses autores (*op. cit.*, p. 370) afirmam ainda que, diferentemente da avaliação somativa – que pode referir-se tanto a norma quanto a critério[1] –, a formativa leva sempre em conta em que ponto o aluno se encontra em seu processo de aprendizagem, em termos de conteúdos e habilidades. Por definição, acrescentam, é baseada em critérios e, ao mesmo tempo, toma como referência o aluno. Isso significa que a análise do seu progresso considera aspectos tais como: o esforço despendido, o contexto particular

---

1. A avaliação "referenciada a norma" baseia-se no desempenho do grupo de alunos, seguindo um padrão relativo. Assim, o desempenho do aluno é relatado em relação à turma, isto é, a nota ou menção recebida depende de sua posição relativa no grupo. A avaliação "referenciada a critério" baseia-se no desempenho individual, tomando-se como referencial os objetivos e os critérios de avaliação. A nota ou menção é atribuída em função da sua proximidade às expectativas fixadas pelo professor (Gronlund 1979, p. 18).

do seu trabalho e o progresso alcançado ao longo do tempo. Consequentemente, o julgamento da sua produção e o *feedback* que lhe será oferecido levarão em conta o aluno e não apenas os critérios de avaliação. As circunstâncias individuais devem ser observadas se a avaliação pretende contribuir para o desenvolvimento da aprendizagem e para o encorajamento do aluno. A avaliação formativa seria desencorajadora para muitos alunos que enfrentam fracasso se fosse baseada exclusivamente em critérios. A combinação da avaliação baseada em critérios com a consideração das condições do aluno fornece informações importantes e é consistente com a ideia de que a avaliação formativa é parte essencial do trabalho pedagógico. A identificação de problemas ou dificuldades que os alunos possam ter pode ser feita somente por meio dessa combinação de informações.

As considerações de Harlen e James nos permitem concluir que a diferença fundamental entre a avaliação somativa e a formativa não é o momento da sua realização, mas os propósitos de cada uma. Com frequência, ouve-se alguém dizer que a avaliação somativa desenvolve-se ao final do processo e a formativa, durante o processo. Acontece que as duas podem realizar-se em um ou em outro momento. Os seus objetivos é que são diferentes.

A argumentação de Stiggins (1999, pp. 191-198) sobre a necessidade de estabelecer conexão entre a avaliação e o sucesso escolar do aluno complementa as contribuições de Harlen e James. Ele considera importante que os alunos: a) envolvam-se na avaliação escolar; b) envolvam-se no registro dos resultados; c) envolvam-se no processo de comunicação.

Quanto ao envolvimento dos alunos na avaliação, abre-se a oportunidade de eles se tornarem parceiros dessa importante atividade. Com o cuidadoso acompanhamento dos professores, eles são convidados a participar da definição dos critérios de avaliação do seu trabalho e a aplicá-los. Isso lhes possibilita compreender onde estão em termos de aprendizagem e o que deles é esperado. Esse envolvimento é feito considerando-se a idade e o nível de desenvolvimento dos alunos. Desde pequenos eles podem e devem começar a participar das atividades avaliativas, criando-se, assim, a cultura da avaliação desvinculada de nota e de promoção/reprovação e articulada à ideia de que todos são capazes de aprender.

Na visão de Stiggins (*op. cit.*, p. 196), os alunos são envolvidos no processo de avaliação para que conheçam a visão dos professores sobre o que representa o sucesso acadêmico. Assim se constroem a confiança e a segurança. Em uma situação de pesquisa em uma escola de educação fundamental, ouvi um grupinho de alunos de 5ª série comentando que no dia seguinte não haveria aula porque os professores estariam em reunião de conselho de classe. Um deles disse: "O que será que eles vão 'falar' de nós?". Essa preocupação demonstra como os alunos, de modo geral, não conhecem todo o processo avaliativo. E logo eles que são o centro do trabalho escolar! Pelo menos é o que nós, professores, afirmamos.

O envolvimento dos alunos no registro dos resultados lhes dá a oportunidade de acompanhar seu desempenho por meio da autoavaliação contínua. Uma das maneiras de conseguir isso é a construção de portfólios que contenham evidências do seu progresso e reflexões sobre o andamento do seu trabalho. O que se pretende, diz Stiggins (*op. cit.*, p. 196), é usar o envolvimento do aluno na avaliação como um espelho em que ele veja seu crescimento. Isso pode ser um poderoso meio de construir autoconfiança. Alguns professores poderão indagar: "Essa não é tarefa do professor? Isso não significa 'facilitar' demais as coisas para o aluno?". Segundo a concepção tradicional de avaliação, sim, porque ela tem como objetivo dar nota e simplesmente aprovar ou reprovar o aluno. Por outro lado, a avaliação formativa quer a aprendizagem do aluno em todos os sentidos, inclusive no da formação do cidadão para ter inserção social crítica. Vale ressaltar: essa compreensão não retira a responsabilidade do professor nem a seriedade e o rigor da avaliação. Pelo contrário: o aluno passa a ser corresponsável pela organização, pelo desenvolvimento e pela avaliação do trabalho. Os professores é que poderão questionar a grande responsabilidade que lhes é atribuída, devendo reivindicar condições adequadas de trabalho para que possam enfrentar uma avaliação até da sua atuação. Por isso é que se diz que a avaliação formativa visa à aprendizagem do aluno, à do professor e ao desenvolvimento da escola.

O envolvimento no processo de comunicação permite que os alunos partilhem informações com outros acerca do seu progresso. Uma das formas de chegar a isso é a promoção de encontros entre pais e alunos em que eles descrevam o que vêm fazendo em termos do que já alcançaram e do que ainda falta alcançar. Isso lhes dá a chance de assumir responsabilidade pelo seu sucesso e de se motivarem para o desenvolvimento de um trabalho mais produtivo. Escolas que adotam o portfólio podem criar momentos para os alunos apresentarem seus trabalhos, descrevendo e justificando suas escolhas. Essas apresentações podem ser feitas de várias maneiras: a) para uma banca de professores, dependendo da série, do curso e da disciplina; b) para grupos de pais; c) para visitantes; d) para os próprios alunos. Vantagem: os alunos aprendem a desenvolver argumentação oral para um público que pode lhes fazer perguntas, por um tempo definido, além de outras. Essa e outras são situações que os alunos enfrentarão mais tarde e que devem ser praticadas primeiramente em ambientes que não sejam ameaçadores.

Gipps, McCallum e Hargreaves (2000, p. 6) associam a avaliação formativa à avaliação informal que, segundo seu entendimento, ocorre quando o professor apresenta questões, observa os alunos enquanto trabalham e avalia suas produções de forma planejada e sistemática. A continuidade desse tipo de avaliação, ao longo do tempo, em contextos variados, permite ao professor construir compreensão ampla e sólida do que os alunos aprenderam e do que são capazes de fazer. Esse tipo de avaliação, dizem elas, é frequentemente chamado de formativo. Alguns estudiosos acreditam que só é verdadeiramente formativa a avaliação voltada para o aluno, mas a compreensão geral é de que o processo envolve principalmente o professor, pelo fato de ele usar as informações para reorganizar o trabalho pedagógico. Além disso, os dados obtidos indicam que atividades serão refeitas, quem, individualmente ou em grupos, necessita refazê-las ou se é possível dar continuidade ao trabalho. Esses julgamentos realizados pelo professor devem ser repassados diretamente ao aluno, recomendam as autoras, para que saiba se pode prosseguir ou não. O pesquisador australiano Royce Sadler (1989) entende que "a avaliação formativa preocupa-se com a maneira pela qual os julgamentos da qualidade das respostas dos alunos (...) podem ser usados para desenvolver a sua competência de forma a reduzir a ocorrência da aprendizagem por ensaio e erro" (p. 120).

O trabalho de Sadler contribui para que se situe a avaliação informal no trabalho pedagógico. Segundo ele, mesmo quando o professor oferece ao aluno observações válidas e/ou notas sobre seu desempenho, o progresso nem sempre ocorre, porque ele necessita mais do que de notas. Precisa conhecer o que o professor espera dele em termos de níveis de desempenho, objetivos ou evidências de aprendizagem para que ele mesmo possa comparar o que já aprendeu com o que ainda lhe falta aprender e engajar-se no processo apropriado. O *feedback* do professor lhe aponta o que fazer para avançar; notas ou menções não cumprem esse propósito: desviam a atenção da aprendizagem e são contraprodutivas para os propósitos formativos (Black e Wiliam 1998).

Com base nas contribuições dos autores citados, é possível construir o entendimento de avaliação formativa como a que promove o desenvolvimento não só do aluno, mas também do professor e da escola. Admitindo-se que a escola realiza trabalho pedagógico e não simplesmente processo de ensino e aprendizagem, em que apenas o professor ensina e apenas o aluno aprende, torna-se fácil compreender a necessidade de ampliação do conceito de avaliação formativa, estendendo-a a todos os sujeitos envolvidos e a todas as dimensões do trabalho. Segundo essa perspectiva, abandona-se a avaliação unilateral (pela qual somente o aluno é avaliado e apenas pelo professor), classificatória, punitiva e excludente, porque a avaliação pretendida compromete-se com a aprendizagem e o sucesso de todos os alunos. Para que isso aconteça, é necessário que todos os profissionais da educação que atuam na escola também tenham oportunidade de se desenvolverem e se atualizarem. O sucesso do seu trabalho conduz ao sucesso do aluno. Toda a escola participa desse ambiente de aprendizagem e desenvolvimento. Portanto, todas as dimensões do trabalho escolar são avaliadas, para que se identifiquem os aspectos que necessitam de melhoria (Villas Boas 2001, p. 185).

Estudiosos brasileiros têm defendido a substituição do paradigma tradicional da avaliação (voltada apenas para aprovação e reprovação) pelo paradigma que busca a avaliação mediadora, emancipatória, dialógica, integradora, democrática, participativa, cidadã etc. Todas essas designações fazem parte do que se entende por avaliação formativa. Esse é mais um argumento a favor de a avaliação formativa ter como foco não apenas o aluno, mas também o professor e a escola. Esses adjetivos indicam que seu campo de atuação é mais amplo do que tem sido considerado. O significado dessas palavras demonstra o caráter abrangente da avaliação (Villas Boas 2001, p. 186).

A avaliação formativa é a que usa todas as informações disponíveis sobre o aluno para assegurar sua aprendizagem. A interação entre professor e aluno durante todo um período ou curso é um processo muito rico, oferecendo oportunidade para que se obtenham vários dados. Cabe ao professor estar atento para identificá-los, registrá-los e usá-los em benefício da aprendizagem. Portanto, a utilização exclusiva de provas escritas para decidir a trajetória de estudos do aluno deixa de considerar os diferentes estilos e manifestações de aprendizagem. A prova é um instrumento que pode ser útil quando seus resultados são associados aos de outros procedimentos.

2
SITUANDO O PORTFÓLIO

Cada portfólio é uma criação única porque o aluno seleciona as evidências de aprendizagem e inclui reflexões sobre o processo desenvolvido.

Barton e Collins 1997, p. 3.

O que é um portfólio?

O portfólio é um dos procedimentos de avaliação condizentes com a avaliação formativa. Porta-fólio ou portfólio, segundo Ferreira (1999, p. 1.612), é uma "pasta de cartão usada para guardar papéis, desenhos, estampas etc.". Houaiss e Villar (2001, pp. 2.266-2.267) trazem também as duas formas: porta-fólio e *portfolio*, esta última sem o acento agudo. O significado do portfólio oferecido por estes últimos é o de "conjunto ou coleção daquilo que está ou pode ser guardado num porta-fólio (fotografias, gravuras etc.)" e "conjunto de trabalhos de um artista (*designer*, desenhista, cartunista, fotógrafo etc.) ou de fotos de autor ou modelo, usadas para divulgação entre clientes prospectivos, editores etc."; porta-fólio (cartão) "contendo material publicitário (sugestões de leiautes, artes-finais, provas etc.) que se leva a um cliente para aprovação".

Neste livro, será usada a palavra portfólio por ser a mais conhecida, embora em muitos relatos aqui incluídos se faça referência a porta-fólio. Um dos meus alunos do curso de Pedagogia na Universidade de Brasília (UnB) disse-me preferir a última por ser mais brasileira.

Originariamente, o portfólio é uma pasta grande e fina em que os artistas e os fotógrafos iniciantes colocam amostras de suas produções, as quais apresentam a qualidade e a abrangência do seu trabalho, de modo a ser apreciado por especialistas e professores. Essa rica fonte de informação permite aos críticos e aos próprios artistas iniciantes compreender o processo em desenvolvimento e oferecer sugestões que encorajem sua continuidade. Seu uso na escola significa assumir o entendimento de que o trabalho do aluno e o do professor não merecem menos do que isso (Valencia 1990, p. 338). Em educação, o portfólio apresenta várias possibilidades; uma delas é a sua construção pelo aluno. Nesse caso, o portfólio é uma coleção de suas produções, as quais apresentam as evidências de sua aprendizagem. É organizado por ele próprio para que ele e o professor, em conjunto, possam acompanhar o seu progresso (Villas Boas 2001, p. 207). O portfólio é um procedimento de avaliação que permite aos alunos participar da formulação dos objetivos de sua aprendizagem e avaliar seu progresso. Eles são, portanto, participantes ativos da avaliação, selecionando as melhores amostras de seu trabalho para incluí-las no portfólio.

Arter e Spandel (1992) oferecem seu entendimento de portfólio:

> (...) uma coleção proposital do trabalho do aluno que conta a história dos seus esforços, progresso ou desempenho em uma determinada área. Essa coleção deve incluir a participação do aluno na seleção do conteúdo do portfólio; as linhas básicas para a seleção; os critérios para julgamento do mérito; e evidência de auto-reflexão pelo aluno. (P. 36)

Esse entendimento inclui três ideias básicas: a) a avaliação é um processo em desenvolvimento; b) os alunos são participantes ativos desse processo porque aprendem a identificar e revelar o que sabem e o que ainda não sabem; c) a reflexão pelo aluno sobre sua aprendizagem é parte importante do processo.

Easley e Mitchell (2003) concordam com o entendimento anteriormente citado e acrescentam:

> Muitas pessoas possuem "coleção" de seus trabalhos. Enquanto alguns chamam isso de portfólio, não é o que assim entendemos. Um portfólio é uma coleção especial dos melhores trabalhos organizada pelos próprios alunos. Eles participam ativamente de todo o processo, construindo o portfólio, identificando os critérios de aprendizagem e selecionando as peças do seu trabalho que demonstram como os critérios foram alcançados. Além disso, a reflexão sobre o seu trabalho e sobre os critérios permite aos alunos formar novos objetivos de aprendizagem. Assim é que os portfólios fazem sentido. (P. 21)

Easley e Mitchell (*op. cit.*) distinguem portfólio de arquivo de trabalhos:

> Um arquivo e um portfólio não são a mesma coisa, embora ambos contenham peças de trabalho de alunos. Um arquivo é simplesmente uma coleção de trabalhos dos alunos. Em contraste, o portfólio é uma seleção refinada de trabalhos do aluno. Um portfólio não é apenas um arquivo, mas é parte de um processo de avaliação que ensina os alunos a avaliar e apresentar seus próprios trabalhos. (P. 33)

Percebe-se, então, que o portfólio é mais do que uma coleção de trabalhos do aluno. Não é uma pasta onde se arquivam textos. A seleção dos trabalhos a serem incluídos é feita por meio de autoavaliação crítica e cuidadosa, que envolve o julgamento da qualidade da produção e das estratégias de aprendizagem utilizadas. A compreensão individual do que constitui qualidade em um determinado contexto e dos processos de aprendizagem envolvidos é desenvolvida pelos alunos desde o início de suas experiências escolares. Essa compreensão pode ser facilitada pela interação com colegas e professores e pela reflexão em vários momentos: a) de trabalho individual e em equipe; b) durante a apresentação dos portfólios pelos colegas; c) por meio do confronto da produção com os objetivos e descritores de avaliação. O próprio exercício da reflexão indica ao aluno as formas de entendimento dessa questão.

Portfólios: Por quê? Para quê?

> *Portfólios permitem ao professor entender o trabalho do aluno de forma contextualizada.*
> Barton e Collins 1997, p. 9.

Hargreaves, Earl e Ryan (2001, p. 168) informam que os portfólios são muito usados por professores de escolas de educação fundamental e média da Grã-Bretanha como uma maneira de reunir os trabalhos dos alunos e para comunicar seus sucessos a eles próprios, a seus professores e a seus pais. Os portfólios oferecem aos alunos a oportunidade de registrar, de modo contínuo, experiências e êxitos significativos para eles. Pertencem a eles, mas podem ser compartilhados e discutidos com os professores, se os alunos assim quiserem, afirmam os autores. São organizados em um tempo dedicado a esse propósito. Podem ser escritos em folhas brancas, em resposta a palavras sugeridas ou a questões-chave, ou em uma série de cartões com títulos como "Hobbies" ou "Trabalhando com outro". Sendo de propriedade dos alunos, ao deixarem a escola, eles levam seu portfólio, que, entre outras utilidades, poderá ser mostrado a empregadores em potencial, no caso de alunos jovens e adultos.

Esses mesmos autores apontam diferenças entre os portfólios e os registros pessoais. Os primeiros destinam-se a reunir amostras dos trabalhos dos alunos durante um certo período de tempo, mostrando seu progresso por meio de produções variadas. Os registros pessoais tendem a enfatizar aspectos pessoais e sociais, sendo também organizados durante um tempo programado, podendo articular-se com experiências de trabalho, quando for possível, e com atividades desenvolvidas fora da escola. Embora haja diferenças entre portfólios e registros pessoais, Hargreaves, Earl e Ryan (2001) apresentam seus objetivos comuns:

- procuram motivar os alunos menos capazes ao fornecer-lhes "algo para mostrar por seus esforços", além do que poderia, de outra forma, ser uma série decepcionante de notas e níveis;
- fornecem aos alunos oportunidades de declarar sua identidade, documentar e mostrar coisas que são importantes para eles – outra fonte de motivação;

- oferecem aos alunos oportunidade de refletir sobre suas experiências e seus êxitos dentro e fora da escola e, assim, assumir maior responsabilidade por aquelas experiências e por aqueles êxitos;
- estimulam e apresentam alguma forma de reconhecimento dos resultados e êxitos além do domínio acadêmico;
- fornecem evidências mais diversificadas da competência do aluno e do sucesso ao público externo, como pais e empregadores. (P. 169)

As contribuições dos autores citados oferecem importantes elementos para análise. Em primeiro lugar, cabe destacar que o uso do portfólio beneficia qualquer tipo de aluno: o desinibido, o tímido, o mais e o menos esforçado, o que gosta de trabalhar em grupo e o que não gosta, o mais e o menos motivado ou interessado pelo trabalho escolar, o que gosta de escrever e até o que não gosta – porque ele pode passar a gostar, assim como pode apresentar suas produções usando outras linguagens. Desenvolvido dessa maneira, o portfólio permite ao aluno acompanhar o desenvolvimento de seu trabalho, de modo a conhecer suas potencialidades e os aspectos que precisam ser melhorados. O esforço despendido pelo aluno é valorizado e reconhecido. Notas, conceitos e menções, se existirem, passam a ocupar lugar secundário e, com o tempo, podem até ser abolidos. No caso dos alunos "menos capazes", no dizer dos autores citados, que são os que costumam ser encaminhados à "recuperação", segundo a sistemática tradicional de avaliação, eles mesmos percebem suas fragilidades e se encorajam para realizar atividades que promovam sua aprendizagem. O grande lance é este: o aluno não estuda para "passar de ano", mas para aprender. Assim, todos são encorajados para desenvolver seu trabalho.

Em segundo lugar, os alunos declaram sua identidade, isto é, mostram-se não apenas como alunos, mas como sujeitos dispostos a aprender. Sua história de vida e suas experiências são conhecidas e valorizadas. Ninguém tem motivo para se esconder, para se retrair. O trabalho de todos é encorajado e orientado para o alcance dos objetivos propostos, que são do conhecimento de todos. O trabalho com portfólio traz à tona situações interessantes. Orientei uma aluna do curso de mestrado em Educação, da Faculdade de Educação da Universidade de Brasília, cujo tema de dissertação eram os registros de avaliação feitos por professores dos anos iniciais da educação fundamental. Como atividade da disciplina "organização do trabalho pedagógico", por mim oferecida, essa aluna construiu seu portfólio, em que desenvolveu análises preliminares sobre seu objeto de investigação. Ela descreveu, em seu memorial de abertura do portfólio, que suas reflexões haviam feito com que percebesse como os registros estavam presentes em sua vida desde cedo, porque sua mãe somente conseguira registrá-la em cartório, como filha natural, quatro anos depois de seu nascimento. Será que seu interesse por pesquisar registros não adveio dessa situação?

Em terceiro lugar, as atividades escolares levam em conta as experiências vividas pelo aluno fora da escola, dando sentido à sua aprendizagem. É a escola conectada às práticas sociais.

Em quarto lugar, o aluno percebe que o trabalho escolar lhe pertence; portanto, cabe-lhe assumir responsabilidade por sua execução. Ele não está fazendo algo para agradar a seus pais e professores, mas em seu próprio benefício. O trabalho escolar passa a ser prazeroso.

Em quinto lugar, como o portfólio motiva a aluno a buscar formas diferentes de aprender, suas produções revelam suas capacidades e potencialidades, as quais poderão ser apreciadas por várias pessoas. Amplia-se, assim, a concepção de avaliação, que deixa de ter a função de "verificar" a aprendizagem para incorporar a de possibilitar ao aluno e até mesmo incentivá-lo a mostrar seu progresso e prepará-lo para comunicar o que aprendeu e a defender suas posições.

A construção do portfólio torna-se uma atividade agradável para o aluno. Em lugar de ter suas produções isoladas umas das outras e apresentadas ao professor quando ele assim o determina, para serem "corrigidas" e devolvidas ou não quando ele quiser, o aluno conserva uma coleção organizada de suas atividades, de modo que possa perceber sua trajetória, assim como suas necessidades iniciais e como as satisfez ao longo do período de trabalho.

Hargreaves, Earl e Ryan (*op. cit.*, p. 170) entendem que o portfólio é um meio valioso de os alunos apresentarem suas produções escolares também a possíveis empregadores. Além disso, reconhecem que ele pode fornecer evidências mais amplas de êxitos do aluno do que a avaliação tradicional; pode ser "uma fonte de orgulho para o aluno e proporcionar oportunidades para a reflexão sobre o aprendizado e o êxito"; pode ser valioso "ao comunicar os êxitos e as atividades de aprendizado do aluno aos pais, mas tem menos sucesso nesse aspecto no que se refere aos empregadores". Os mesmos autores consideram o portfólio um "tipo valioso de avaliação formativa, fornecendo uma base para o diálogo entre alunos, os professores e os pais no que se refere ao progresso". O valor principal do portfólio, afirmam eles, está menos nos produtos do que nos processos formativos de avaliação.

Barton e Collins (1997, p. 2) apontam sete características essenciais para o desenvolvimento de portfólios. Em primeiro lugar, eles incluem múltiplos recursos, porque permitem avaliar variedade de evidências. Em segundo lugar, são autênticos, porque as produções dos alunos se articulam ao trabalho em desenvolvimento. Em terceiro lugar, o portfólio é uma forma dinâmica de avaliação pelo fato de constatar o desenvolvimento e as mudanças dos alunos ao longo do tempo. A quarta característica é a explicitação dos seus propósitos. Antes de a construção do portfólio ter início, os alunos conhecem o que se espera deles. Esta conduz à quinta característica – integração. Isso significa que as evidências de aprendizagem selecionadas estabelecem correspondência entre as atividades escolares e as experiências de vida. O pertencimento do trabalho ao aluno é a sexta característica. Nesse sentido, cada portfólio é uma criação única, porque o próprio aluno escolhe as produções que incluirá e insere reflexões sobre o desenvolvimento de sua aprendizagem. A sétima característica é a natureza multipropositiva do portfólio. O professor pode avaliar o trabalho pedagógico que coordena usando as mesmas evidências para avaliar a aprendizagem dos alunos. Os portfólios podem ser úteis como procedimento de avaliação não apenas de uma disciplina ou de um curso. Eles criam elo instrucional importante entre séries, anos, disciplinas e temas quando são partilhados com outros professores.

Klenowski (2003, p. 2) entende que razões teóricas e práticas justificam o uso de portfólios. Os procedimentos de avaliação oriundos da tradição quantitativa têm provocado insatisfação. Como exemplo ela cita o caso da Inglaterra, onde recentemente houve reclamações de que "os alunos têm sido superexaminados" e "estão sendo testados para a destruição". É tempo de "confiar nos professores", afirma a autora.

A mesma autora oferece outros argumentos para justificar o uso do portfólio, que apresenta a potencialidade de tornar explícita a articulação entre currículo, avaliação e trabalho pedagógico. Isso se dá porque o portfólio contribui para o estabelecimento da estrutura e dos processos de documentação e reflexão sobre o ensino e a aprendizagem a ele relacionada, tornando-os públicos. Enquanto se enfatiza o surgimento de novo paradigma de avaliação, o relacionamento teórico entre currículo e avaliação permanece sub-representado. Recentemente tem sido reconhecida a necessidade de desenvolvimento de um corpo teórico que possibilite o entendimento de que o currículo e a avaliação para a aprendizagem se articulam ao trabalho pedagógico. Klenowski (*op. cit.*, p. 2) cita Shepard (2000) e Looney (2000), que reconhecem a necessidade de construção de simbiose entre currículo e as políticas de avaliação, que se refletem nas práticas pedagógicas. O uso do portfólio possibilita a integração da avaliação e do currículo.

Os educadores desejam formar alunos reflexivos e professores imbuídos do espírito de desenvolvimento profissional. Segundo Klenowski (2003, p. 2), achados de pesquisas concluem que o uso de portfólios promove o desenvolvimento de habilidades importantes, como a reflexão, a autoavaliação e a análise crítica. Portfólios como procedimento de avaliação têm sido cada vez mais usados por causa do seu potencial para associar currículo e práticas pedagógicas com vistas ao desenvolvimento metacognitivo. Contudo, as ferramentas para a metacognição e sua conexão às habilidades necessárias à aprendizagem e à compreensão precisam ser entendidas, alerta a autora.

O desenvolvimento metacognitivo traz contribuições para a formulação de maneiras alternativas de avaliação, como o uso do portfólio. Por meio dos estudos de Hacker (1998, p. 10), Klenowski (2003, p. 32) explica que a metacognição envolve o pensar sobre o próprio pensar ou o conhecer a aprendizagem de alguém e a si próprio como aprendiz. É importante que as pessoas se compreendam como agentes do seu próprio pensar. Nosso pensamento pode ser monitorado e regulado deliberadamente, isto é, ele está sob o controle de nós mesmos.

Ainda valendo-se de Hacker (*op. cit.*, p. 8), Klenowski (*op. cit.*, p. 33) afirma que mais recentemente a metacognição foi definida como pensamentos conscientes e deliberados que possuem outros pensamentos como seu objeto. Sendo conscientes e deliberados, os pensamentos metacognitivos não são potencialmente controláveis pela pessoa que os vivencia, mas são potencialmente reportáveis e acessíveis ao pesquisador ou professor. Essa definição enfatiza que a metacognição deriva das representações mentais internas de uma pessoa ou de sua realidade externa. Os pensamentos metacognitivos incluem o que a pessoa conhece sobre sua representação interna, como ela funciona e como a pessoa se sente em relação a ela. Para os propósitos de aprendizagem, torna-se importante conhecer quando, onde, por que e como a pessoa aprende melhor e quais são os padrões aceitáveis em uma variedade de contextos.

É também importante que a própria pessoa leve em conta suas emoções durante a aprendizagem. Sobre isso Klenowski (2003, p. 32) cita Claxton (1999, p. 41), que afirma: "há grande necessidade de compreender o lugar das emoções na aprendizagem e de desenvolver a habilidade de incluí-las, administrá-las e tolerá-las".

As várias dimensões da metacognição incluem "monitoramento ativo", "regulação consequente" e "orquestração de processos cognitivos", para a conquista dos objetivos (Hacker 1998, p. 7). A metacognição requer interpretação de experiências em andamento, podendo assumir a forma de checar, planejar, selecionar e inferir. Portanto, envolve a noção de formulação de julgamentos sobre o que alguém sabe ou não sabe para desempenhar uma tarefa.

Atualmente, a autoapreciação e a autoadministração da cognição são consideradas características fundamentais da metacognição. A primeira se refere aos próprios pensamentos da pessoa sobre seu conhecimento e suas habilidades, seus estados afetivos acerca de seu conhecimento, suas habilidades, sua motivação e suas características como aprendiz. A autoadministração diz respeito ao pensar sobre o pensar em ação, o que ajuda a pessoa a organizar os aspectos para resolver problemas (Klenowski 2003, p. 33).

Um achado de pesquisa sobre metacognição, relevante para o uso de portfólios, é a importância da autoavaliação acurada sobre o que se sabe, com vistas à autorregulação. Quando os alunos estão conscientes do estado do seu conhecimento, eles podem efetivamente direcionar a aprendizagem rumo aos objetivos estabelecidos. Quando os alunos já são capazes de adequadamente monitorar seu conhecimento e os processos do pensamento e já podem ser orientados para o monitoramento de tarefas complexas, seus professores podem ajudá-los no processo de autorregulação de sua própria aprendizagem.

Davidson *et al.* (1994), citados por Klenowski (*op. cit.*, p. 33), indicam quatro processos metacognitivos:

- identificação e definição do problema;
- representação mental do problema;
- planejamento das ações;
- avaliação do que se sabe sobre o desempenho.

A teoria da metacognição focaliza os aspectos do pensar que contribuem para a formação da consciência e da compreensão pelo aluno de ele ser o próprio regulador e "agente do seu próprio pensar". É por meio da reflexão e da autoavaliação, princípios que integram o "portfólio do trabalho", que se fortalece o pensar dos alunos sobre o seu próprio pensar. Klenowski (2003, p. 34) recomenda que o trabalho escolar favoreça o desenvolvimento da consciência dos alunos sobre processos metacognitivos importantes ao desenvolvimento de habilidades para resolver problemas e a discussão com eles das qualidades cognitivas e motivacionais do pensar. Essas práticas os ajudam a se autoavaliar, a refletir sobre seu próprio trabalho, a monitorar sua aprendizagem e a fortalecer a autopercepção e a motivação. Nesse sentido, a metacognição pode iluminar o próprio pensar e contribuir para o desenvolvimento da aprendizagem independente.

Princípios norteadores do trabalho com portfólio

> *A autoavaliação, a reflexão e a oportunidade de o aluno revelar o processo pelo qual o trabalho é expresso no portfólio constituem a centralidade do portfólio.*
> Klenowski 2003, p. 3.

O portfólio serve para vincular a avaliação ao trabalho pedagógico em que o aluno participa da tomada de decisões, de modo que ele formule suas próprias ideias, faça escolhas e não apenas cumpra prescrições do professor e da escola. Nesse contexto, a avaliação se compromete com a aprendizagem de cada aluno e deixa de ser classificatória e unilateral. O portfólio é uma das possibilidades de criação da prática avaliativa comprometida com a formação do cidadão capaz de pensar e de tomar decisões. Para isso, alguns princípios-chave orientam sua construção. O primeiro deles, como se percebe, é o da sua *construção* pelo próprio aluno, possibilitando-lhe fazer escolhas e tomar decisões. Essa construção assume diferentes formas, dependendo da idade dos alunos, do curso, da atividade a ser desenvolvida e do tempo disponível. A orientação que o professor dará ao processo de construção também é variável. Além dos aspectos já apontados, considera-se o fato de os alunos e o professor já terem tido ou não a oportunidade de trabalhar com o portfólio. Se for a primeira vez, o processo terá de ser bem preparado e, em alguns casos, até as famílias precisam ser bem informadas. No caso do professor, a análise do referencial teórico sobre avaliação formativa e sobre portfólio é fundamental. Muitas atividades educacionais inovadoras costumam fracassar porque aqueles que vão implantá-las e implementá-las nem sempre são os que concebem a ideia nem se preparam para colocá-la em prática. Por isso, o estudo do referencial teórico deve preceder o início do trabalho.

É bom lembrar que a avaliação tem raízes tradicionais profundas. Toda a sociedade brasileira valoriza o uso da prova como instrumento de avaliação. Por isso, todo cuidado é pouco. Não se trata de substituir a prova pelo portfólio. Ambos são procedimentos de avaliação, cada um cumprindo propósitos diferentes. Por isso combate-se o uso exclusivo da prova: porque ela não tem condições de avaliar toda aprendizagem do aluno, que se dá por meio de diferentes linguagens. Além disso, a prova apresenta a desvantagem de ser um procedimento inteiramente organizado pelo professor. É ele que: a) decide se a prova será inteiramente objetiva ou subjetiva ou se serão incluídas questões dos dois tipos; b) seleciona os conteúdos das questões; c) determina o dia e o horário da sua aplicação, sua duração e o espaço a ser utilizado pelo aluno para dar suas respostas. Há a possibilidade de a prova ser incluída no portfólio. Mesmo que se pretenda aboli-la, recomendo que isso não seja feito de imediato, para não dar a impressão de que o portfólio é o seu substituto. Como prudência e água fresca não fazem mal a ninguém, sugiro considerá-la um dos procedimentos de avaliação, tendo, como os outros, a função de contribuir para a aprendizagem do aluno. Por exemplo: imediatamente após aplicar a prova, corrigi-la e devolvê-la ao aluno, é interessante pedir a ele que refaça as questões cujas respostas sinalizem o que ele ainda não aprendeu, e inserir as duas no portfólio, com a garantia de que valerá, para fins de avaliação, a que revele que a aprendizagem ocorreu. Avaliar significa trabalhar com as relações desenvolvidas entre os sujeitos participantes do processo. As atitudes do professor nessas relações constituem um exemplo forte para os alunos; eles já têm internalizada a prática perversa do professor de, ao refazer algum trabalho, somar as duas notas e dividir o resultado por dois. Mudar isso requer tempo e o estabelecimento de confiança nas atitudes do professor.

O portfólio pode ser construído durante um mês, um bimestre, um semestre, um curso, uma disciplina ou o tempo do qual se dispuser e de acordo com os objetivos do trabalho a ser realizado. Pode abranger um tema, uma unidade ou as atividades desenvolvidas durante um determinado período. Em qualquer situação, sejam os alunos crianças ou adultos, a preparação para o uso do portfólio é necessária.

Sua construção requer outra decisão: que nível de direcionamento será dado pelo professor? Ele conduzirá todo o trabalho, isto é, fará todas as determinações, direcionará em parte ou o aluno terá total autonomia? Depende de cada situação. O ponto de chegada é a conquista da autonomia pelo aluno, o que acontecerá por meio das oportunidades que lhe serão oferecidas para isso e da orientação inicial do professor. Para que o processo seja bem desenvolvido e alcance seus objetivos, é importante não aterrorizar o aluno, isto é, passar bruscamente de uma maneira autoritária de trabalhar para outra que lhe seja oposta. Nem o professor estaria pronto para isso. É necessário criar clima favorável à construção do portfólio, tanto para o professor como para o aluno. Ambos deverão percebê-lo como um aliado da aprendizagem e não como algo dificultador do seu trabalho. Uma coisa é certa: o professor não deve se sentir solitário nesse tipo de trabalho. O ideal é que toda a escola ou todo um curso invista no mesmo processo, para que os alunos e suas famílias o percebam com credibilidade.

No caso da educação básica, ao ser adotado o trabalho com o portfólio, é importante que todos (escola e pais) entendam que ele representa um procedimento avaliativo de construção *pelo* aluno e não por seus pais. Dessa forma, ele o desenvolverá segundo suas capacidades e assim será avaliado.

Alguns pais têm por hábito fazer as tarefas pelos filhos ou ajudá-los a fazê-las para que se saiam bem na escola. A lógica avaliativa norteadora do portfólio recusa essa prática, porque o que se pretende é a promoção da aprendizagem. Se o aluno não revela suas fragilidades não poderá ser orientado a superá-las. Talvez o único lugar em que podemos apresentar sem medo nossas fraquezas seja a escola, por ser o lugar próprio para isso.

A construção do portfólio é feita por meio da *reflexão*, outro princípio norteador do trabalho. Por intermédio da reflexão, o aluno decide o que incluir, como incluir e, ao mesmo tempo, analisa suas produções, tendo a chance de refazê-las sempre que quiser e for necessário. Recomenda-se que todas as produções do aluno permaneçam no portfólio, tanto a primeira versão quanto as outras, sobre o mesmo tema, para que ele e o professor possam analisar o seu progresso. Isso mesmo! Tudo o que o aluno faz merece ser valorizado. O conceito com o qual se trabalha é o do progresso, e não o do fracasso. Como se percebe, o trabalho com o portfólio utiliza a lógica avaliativa segundo a qual o aluno não é penalizado pela aprendizagem ainda incompleta. Pelo contrário, esse procedimento funciona como um aliado da aprendizagem, por se entender que a avaliação promove a aprendizagem.

No início do trabalho, caberá ao professor orientar o uso da reflexão. De modo geral, os alunos não estão preparados para isso: costumam cumprir as prescrições do professor sem estabelecer articulação entre elas. Conversas com toda a turma, com alunos individualmente e com um grupo deles podem ser uma das formas de ajudá-los a refletir sobre o que vêm fazendo e sobre seu significado. Poderão ser dirigidas perguntas aos alunos para ajudá-los a analisar o andamento das suas produções individuais e o andamento das produções do grupo. É importante lembrar que o professor pergunta, mas as respostas cabem aos alunos; elas são elementos disparadores do processo de reflexão. O professor ouve e faz novas perguntas que conduzam à reflexão. Assim como os outros princípios, o da reflexão faz parte de todo o trabalho. Não há um momento destinado especificamente a ela. Cabe ao professor iniciar o processo e incentivar os alunos a usarem-na sempre, sem medo.

Os princípios da construção e da reflexão favorecem o desenvolvimento da *criatividade*, outro princípio que se acrescenta. O aluno escolhe a maneira de organizar o portfólio e busca formas diferentes de aprender. Ele é estimulado a estar sempre trabalhando e tomando decisões. É importante que se valorizem as iniciativas dos alunos para que eles busquem novas ideias e não a repetição e a reprodução, tão comuns nas escolas. Há a tendência de o portfólio incluir apenas as produções escritas porque assim costuma ser realizado o trabalho nas escolas. O que se espera é que sejam apresentadas as evidências de aprendizagem de maneiras variadas, por outros meios além da linguagem escrita. Aprender a desenvolver argumentação oral é tão importante quanto aprender a ler e escrever. Na escola, a fala precisa ser valorizada para que as crianças aprendam, desde cedo, a se comunicar, a defender seus direitos, a apresentar suas argumentações para pequenos e grandes grupos, a submeterem-se a entrevistas, o que é muito comum hoje em processos seletivos. Algumas das atividades que podem ser realizadas com esse objetivo, nos anos iniciais da educação fundamental, são:

- ouvir com atenção as novidades que as crianças trazem e incentivá-las a ampliá-las, por meio de perguntas;
- criar situações que possibilitem às crianças expressar suas ideias;
- solicitar que façam pequenas comunicações orais sobre temas, fatos e textos lidos;
- organizar rodas de leitura;
- organizar discussão, improvisada ou não, sobre tema polêmico;
- pedir que argumentem a favor ou contra determinada posição;
- sugerir que recitem poemas e poesias etc.

As crianças que estão na educação infantil são ainda mais espontâneas e gostam de falar, por isso é necessário manter essa postura, dando-lhes a chance de participar em teatrinhos e incentivando a conversa entre elas, enquanto trabalham.

Com alunos de 5ª a 8ª série da educação fundamental e com os da educação média, podem ser desenvolvidas atividades mais complexas, como, por exemplo, apresentação de seminário, entrevistas, conduzidas por eles, seguidas de relatos aos colegas e professores, produção de programas de rádio e outras.

O desenvolvimento dessas atividades exige que os alunos estejam desinibidos e que tenham sua fala preparada. Por isso, o recomendável é que tenham a oportunidade de realizá-las em todos os níveis escolares. Além disso, o professor deve criar clima favorável na sala de aula, para que o aluno se sinta à vontade para fazer sua comunicação e os colegas desenvolvam a habilidade de ouvir.

Um dos desafios do trabalho com o portfólio é como incluir atividades que não sejam escritas. Para fins de registro, o meio mais comum é a linguagem escrita. Porém, podem ser gravadas fitas cassete e de vídeo, que serão nele incluídas. Alunos de níveis mais avançados poderão usar o computador e construir o portfólio eletrônico. Os alunos poderão escolher ou receber a sugestão de assistir a filmes relacionados aos temas em estudo, fazer excursões, entrevistas, pesquisar em bibliotecas da comunidade, tirar fotos etc. Insisto: esse tipo de procedimento de avaliação não exclui outros já convencionais, como a prova. Como já foi dito, caso esta seja usada, será incluída no portfólio.

Falar sobre a criatividade como um dos princípios em que se apóia o trabalho com o portfólio exige que se façam algumas considerações. Busco as contribuições de Castanho (2000, p. 82) sobre esse tema. Relata a autora que Guilford (psicólogo da Universidade da Califórnia) e Lowenfeld (psicólogo da Universidade da Pensilvânia), trabalhando totalmente isolados e em campos diferentes – o primeiro com ciência, o segundo com arte –, chegaram a resultados coincidentes sobre os processos da criatividade. Ambos buscavam os critérios mensuráveis que engendram as forças criadoras no ser humano – os componentes do pensamento divergente. Guilford buscava tais critérios na atividade científica; Lowenfeld, na arte. Ambos levantaram oito propriedades mensuráveis que distinguiam as pessoas criativas. Os dois estudos constataram que tanto as forças criativas do âmbito artístico como as do científico submetem-se aos mesmos princípios. E mais: Lowenfeld, relata Castanho, concluiu que mobilizamos as forças artísticas nos vários âmbitos, simultaneamente, isto é, no âmbito humano todo. Os autores por ela citados (Castanho, *op. cit.*, p. 83) apresentaram oito critérios da criatividade:

1) sensibilidade aos problemas (o que permite notar as sutilezas, o pouco comum, as necessidades e os defeitos nas coisas e nas pessoas);

2) estado de receptividade (manifestando que o pensamento está aberto e é fluente);

3) mobilidade (capacidade de adaptar-se rapidamente a novas situações);

4) originalidade (propriedade considerada suspeita pela ordem social e uma das mais importantes do pensamento divergente);

5) atitude para transformar e redeterminar (atitude de transformar, estabelecer novas determinações dos materiais diante de novos empregos);

6) análise (ou faculdade de abstração por meio da qual passamos da percepção sincrética das coisas à determinação dos detalhes; permite reconhecer as menores diferenças para descobrir a originalidade e a individualidade);

7) síntese (consiste em reunir vários objetos ou partes de objetos para lhes dar um novo significado);

8) organização coerente (é por meio dessa atitude que o homem harmoniza seus pensamentos, sua sensibilidade, sua capacidade de percepção com sua personalidade).

Segundo Kneller (*apud* Castanho. *op. cit.*, p. 84), "o pensamento criador é inovador, exploratório, aventuroso, impaciente ante a convenção, é atraído pelo desconhecido e pelo indeterminado", enquanto o pensamento não criador é cauteloso, metódico, conservador e absorve o novo no já conhecido, preferindo dilatar as categorias existentes a inventar novas. Guilford (*apud* Castanho, *op. cit.*, p. 84) chama a esses dois tipos de pensamento de *divergente* e *convergente*, respectivamente. Gloton (*apud* Castanho, *op. cit.*, p. 84) considera o pensamento divergente, no campo psicológico, a tradução do termo criatividade. Contudo, ele entende que, para desenvolver o pensamento divergente no sentido de formar seres criativos, não é necessário sacrificar o pensamento convergente. E mais: pensamento convergente e pensamento divergente são duas formas complementares de inteligência. O pensamento divergente só pode atuar se estiverem presentes elementos que a memória lhe oferecer. Quanto mais ricos e numerosos esses elementos, mais rica será a produção divergente. Castanho acrescenta que desenvolver a inteligência requer o desenvol-vimento desses dois tipos de pensamento e que "é preciso pensar uma pedagogia da divergência para evitar o bloqueio da criatividade".

Castanho (*op. cit.*, p. 86) afirma que pesquisas indicam que a criatividade pode ser ensinada ou desenvolvida. Sendo assim, o portfólio é um dos procedimentos de avaliação que têm mais condições de propiciar esse desenvolvimento, desde que professores e alunos possam e queiram construir conhecimento – e não apenas reproduzi-lo –, inovar, ousar, expor-se, correr riscos e pôr em ação outras habilidades além das cognitivas. Além disso, o professor tem de aceitar dividir o poder com os alunos que passam a participar da organização, da execução e da avaliação do trabalho pedagógico.

Os princípios da construção, da reflexão e da criatividade abrem caminho para a autoavaliação. Enquanto assim trabalha, o aluno está permanentemente avaliando seu progresso. A *autoavaliação*, outro princípio, é então um componente importante. A construção, a reflexão e a criatividade conduzem-no a desenvolver a capacidade de avaliar seu desempenho com o objetivo de avançar sempre. A avaliação feita pelo professor é importante e, conjugada à do próprio aluno, faz com que se amplie a análise das suas possibilidades. A capacidade de autoavaliação está presente em várias situações de nossa vida, devendo ser desenvolvida na escola desde cedo, de maneira adequada. O trabalho com o portfólio é uma excelente oportunidade para isso, porque os alunos têm em mãos todas as suas produções, podendo compará-las com os critérios formulados por eles e pelo professor. Por meio dele, o próprio aluno pode reconhecer suas potencialidades e fragilidades. Cabe ao professor estar sempre atento e disponível para ajudá-lo a observar seu crescimento intelectual e a registrar suas análises. Se os alunos aprendem, desde cedo, a participar da formulação dos critérios de avaliação do portfólio que atendam aos objetivos pedagógicos da escola e aos objetivos educacionais mais amplos, ganharão para toda a vida a capacidade da autoavaliação.

Entende-se por autoavaliação o processo pelo qual o próprio aluno analisa continuamente as atividades desenvolvidas e em desenvolvimento e registra suas percepções e seus sentimentos. Essa análise leva em conta o que ele já aprendeu, o que ainda não aprendeu, os aspectos facilitadores e os dificultadores do seu trabalho, tomando como referência os objetivos da aprendizagem e os critérios de avaliação. Dessa análise realizada por ele, novos objetivos podem emergir. Um elemento importante nesse processo é a identificação de futuras ações, para que haja avanço na aprendizagem. Essa autoavaliação não visa à atribuição de notas ou menções pelo aluno. Ela não tem esse propósito. Alunos de todas as idades são capazes de avaliar o seu trabalho, cada um segundo seu nível de desenvolvimento; contudo, nem sempre suas percepções são consideradas. Quando o são, isso é feito por meio de uma ficha ou um formulário organizado pelo professor e distribuído aos alunos para preenchimento no momento por ele determinado. Nem sempre os alunos são informados sobre o que é feito com os dados coletados. Esse procedimento é mais um exemplo de prática avaliativa autoritária que confunde os alunos, porque não sabem o uso a ser dado às informações por eles fornecidas. A verdadeira autoavaliação não se articula com nota; tem o sentido emancipatório de possibilitar ao aluno refletir continuamente sobre o processo da sua aprendizagem e desenvolver a capacidade de registrar suas percepções. Cabe ao professor incentivar a prática da autoavaliação pelos alunos e usar as informações fornecidas para reorganizar o trabalho pedagógico, sem penalizá-los.

O uso das informações fornecidas pela autoavaliação é feito com ética, o que significa que elas só podem servir aos propósitos que são do conhecimento dos alunos. Além disso, o professor precisa ter muita sensibilidade para distinguir as que podem e as que não podem ser comentadas publicamente. A avaliação é um ato ético por excelência.

Como introduzir a prática da autoavaliação? Com crianças pequenas tudo é mais simples, pois elas são espontâneas e ainda não adaptadas à escola do silêncio e do medo. Em conversas informais, em resposta a perguntas simples, durante a realização de atividades, elas apontam seus sentimentos e percepções, que serão anotados pelo professor em uma folha destinada a cada criança. Alunos de educação infantil e anos iniciais da educação fundamental gostam de conversar e contar para o professor o que sentem. Essas são ótimas oportunidades para coletar suas percepções. Os comentários das crianças são inseridos em seu portfólio pelo professor, no caso de elas ainda não escreverem. Outra maneira de conhecer o que a criança sente é pedir-lhe que desenhe a escola, a turma ou a sala de aula como são e como ela gostaria que fossem. Podem surgir cenas reveladoras de como ela percebe o trabalho pedagógico.

À medida que as crianças crescem e conseguem escrever, é importante criar espaços e o hábito de elas dizerem por escrito como se sentem trabalhando na escola, por meio de uma palavra, uma frase, um poema, um desenho etc. Alunos maiores podem comparar suas produções com os objetivos da aprendizagem e com os critérios de avaliação, para analisar se os atendem. Em caso afirmativo, definirão, juntamente com o professor, as atividades seguintes e, em caso negativo, analisarão, juntamente com ele, o que lhes falta aprender e como o farão. Como se observa, o papel do professor é muito importante. Em nenhum momento ele deixa de ser o coordenador do trabalho pedagógico. O que muda é o papel do aluno: de simples cumpridor de tarefas, ele passa a corresponsável. O papel do professor não é diminuído, é reforçado e valorizado.

A prática da autoavaliação por alunos de todas as idades requer o desenvolvimento da habilidade crítica. O portfólio é um processo pelo qual eles próprios selecionam suas melhores produções, o que torna essa habilidade fundamental. Para isso precisam conhecer e compreender os critérios que usarão para avaliar seus trabalhos. Tradicionalmente, esses critérios são de conhecimento apenas do professor que os usa com flexibilidade, isto é, de forma diferente para cada aluno. A avaliação por meio de portfólio exige que os alunos não só os conheçam, mas até participem da sua formulação, para que aprendam a desenvolver seus próprios critérios e a analisar seu desempenho. Desde a educação infantil as crianças devem aprender a reconhecer e compreender o que torna o seu trabalho "satisfatório". Desde esse nível elas podem aprender a reagir ao seu trabalho e a fornecer suas percepções quanto à sua aprendizagem. Essa é uma aprendizagem necessária (Easley e Mitchell 2003, p. 21).

A avaliação por meio do portfólio oferece ao aluno, ao professor e aos pais evidências da aprendizagem. Para que o aluno selecione suas melhores produções, deve reconhecer os objetivos específicos da aprendizagem e os critérios de avaliação, desenvolver suas atividades e avaliá-las segundo esses critérios. O passo seguinte será o de o aluno trabalhar com vistas ao alcance de outros objetivos. Professores e pais têm, assim, um excelente meio para discutir formas de ajuda aos alunos para a continuidade do trabalho.

O trabalho pedagógico e a avaliação deixam de ser de responsabilidade exclusiva do professor. A *parceria* passa a ser um princípio norteador das atividades. Easley e Mitchell (*op. cit.*, p. 20) consideram que o portfólio é o único procedimento de avaliação em que alunos e professores atuam em conjunto. Por isso, dizem elas, é uma forma autêntica de avaliação, que permite aos alunos aprender habilidades que lhes serão úteis por toda a vida. Esse processo lhes possibilita aprender a tomar decisões sobre sua própria aprendizagem e a estabelecer objetivos para o futuro. A parceria é uma competência a ser desenvolvida na escola. Fala-se aqui da parceria aluno-professor, aluno-aluno e professor-professor. O trabalho com o portfólio, tornando-se uma prática de toda a escola, imprime dinâmica diferente ao trabalho da sala de aula e até da escola, porque são eliminadas as ações e as atitudes verticalizadas e centralizadoras. O trabalho do aluno é percebido como a razão de ser da escola.

A vivência desse processo desenvolve a *autonomia* do aluno diante do trabalho, outro princípio norteador do uso do portfólio. A criança percebe que pode trabalhar de forma independente e que não precisa ficar sempre aguardando orientação do professor. Esta é necessária em várias ocasiões, mas é importante que o aluno perceba que pode tomar iniciativas.

Para Klenowski (2003, p. 116), o trabalho com o portfólio se baseia em seis princípios:

1. promove nova perspectiva de aprendizagem;
2. é um processo;
3. incorpora análise do desenvolvimento da aprendizagem;
4. requer autoavaliação;
5. encoraja a seleção e a reflexão do aluno sobre o seu trabalho;
6. considera os professores como facilitadores da aprendizagem.

Os princípios da construção, da reflexão, da criatividade, da parceria, da autoavaliação e da autonomia, por mim formulados, e os apontados por Klenowski (2003) indicam que o envolvimento do aluno é crucial no trabalho com o portfólio. Contudo, é necessário que o professor e toda a escola adotem esse entendimento.

Considerações sobre o trabalho com o portfólio

> *O ideal é que, cedo ou tarde, se invente uma forma pela qual os educandos possam participar da avaliação. É que o trabalho do professor é o trabalho do professor com os alunos e não do professor consigo mesmo.*
>
> Freire 1998, p. 71.

As discussões que venho mantendo sobre as possibilidades de uso do portfólio com professores da educação básica e da educação superior, as leituras que tenho feito em busca da fundamentação teórica (até agora predominantemente em literatura em língua inglesa, pelo fato de o assunto ser novidade entre nós) e a minha própria experiência com o portfólio como procedimento de avaliação no curso de Pedagogia da Faculdade de Educação da UnB, há cinco anos, conduziram-me a formular algumas perguntas, cujas respostas ou comentários poderão provocar o debate sobre o tema. Apresento-as, a seguir, convidando o leitor a ampliar a discussão e a propor outras indagações.

1. A implantação desse tipo de procedimento pode ser feita por um professor, por parte deles ou deve ser feita por todo o corpo docente de uma escola?

Não é necessário que todos os professores de uma mesma escola iniciem o trabalho ao mesmo tempo. Talvez nem seja possível. O necessário é que toda a equipe compartilhe a mesma fundamentação teórica sobre aprendizagem e avaliação, apoiada em pesquisas atualizadas. O momento de implantação de um projeto ou de sistemática de trabalho depende de vários fatores. Um deles diz respeito às características individuais dos professores. Alguns se arriscam mais do que outros. Podem encontrar dificuldades iniciais, mas as usam como experiências de aprendizagem. Outros caminham com mais cautela e precisam de mais tempo para ler, refletir, organizar-se e planejar antes de pôr em prática uma nova ideia. Nada se ganha forçando professores a adotar um projeto sem que eles estejam preparados. Se toda a equipe se lança à introdução de uma nova maneira de trabalhar, é importante que cada um dos seus membros siga a mesma direção, não importa o estágio em que se encontre.

Uma coisa é certa: ideias inovadoras requerem o apoio da equipe da direção e dos pais. O trabalho docente não é isolado; se assim for, não costuma alçar grandes voos.

2. É possível a um professor individualmente, sem a participação dos colegas, desenvolver o portfólio como procedimento de avaliação?

Muitas atividades escolares começam com um ou dois professores que tenham estudado mais detalhadamente um determinado tema ou que com ele mais se identifiquem. Esses professores iniciam o trabalho e os resultados que eles vão obtendo podem encorajar os colegas e provocar sua participação. Os resultados positivos podem contagiar o grupo gradativamente. Contudo, cabe insistir: a fundamentação teórica, o apoio da equipe de direção da escola e a compreensão dos pais são necessários. O trabalho isolado de um professor não tem fôlego para continuar.

3. No caso de um professor desenvolver sozinho um determinado tipo de trabalho, onde ele pode encontrar ajuda?

Há uma variedade de meios de suporte ao trabalho de um único professor. Dentre outros, citam-se:

- identificar colega de outra escola que tenha o mesmo interesse;
- visitar escolas e salas de aula que desenvolvam trabalho semelhante;
- pesquisar na Internet;
- identificar fitas de vídeo sobre o tema de interesse;
- frequentar cursos sobre o tema;
- organizar grupo de apoio a esse tipo de trabalho ou se engajar em um já existente;

- solicitar ajuda de pessoa especializada;
- ler a literatura sobre o assunto;
- participar de encontros sobre o tema.

4. Qual o primeiro passo para o trabalho com o portfólio, no começo do ano letivo?

Essa questão é inquietante. Easley e Mitchell (2003, p. 24) têm contribuição a nos oferecer. Durante as primeiras semanas do ano letivo, o objetivo principal do professor é coletar a primeira peça de trabalho do aluno em cada área/disciplina/tema a ser incluída no portfólio. O começo do ano é a única época durante a avaliação por meio do portfólio em que os alunos não estão envolvidos na obtenção de evidências da sua aprendizagem. As peças coletadas pelo professor são chamadas por essas autoras de amostras iniciais. Essa é uma etapa importante do processo, porque os alunos usarão suas produções iniciais como referência para a avaliação posterior.

Os alunos não necessitam, nesse momento, de explanação aprofundada sobre o processo de avaliação por meio do portfólio. Isso acontecerá mais tarde, quando eles estiverem efetivamente envolvidos na construção dos portfólios.

No caso de o trabalho com o portfólio ser novo para toda a equipe da escola, torna-se necessário que todos os professores e demais integrantes do grupo construam em conjunto o projeto que vão assumir, estabelecendo as diretrizes do trabalho pedagógico, incluída a avaliação. Os critérios de avaliação devem ser definidos com a participação de todos. A partir do momento em que cada um estiver trabalhando com o mesmo conjunto de expectativas, pode ser iniciada a primeira etapa de obtenção das produções iniciais dos alunos.

5. O que é coletado como produção inicial (amostra inicial)?

O professor estabelece, antecipadamente, de quais atividades serão retiradas as produções iniciais. Por exemplo, como produção inicial de linguagem escrita, o professor pode ditar algumas sentenças representando uma variedade de estratégias ortográficas. Em matemática, podem ser solicitadas atividades que requeiram compreensão de frações, dependendo da série em que os alunos se encontrem. As produções iniciais não devem ser revisadas nem corrigidas pelo professor. Porém, os alunos poderão revê-las.

As produções iniciais representam o ponto de partida do trabalho com o portfólio como procedimento de avaliação. Como as turmas, geralmente, são constituídas por alunos de níveis diferentes de desenvolvimento, a análise dessas produções, pelo professor, tem dupla finalidade: a) dá a ele a oportunidade de ter uma rápida visão geral de como se encontra cada um dos alunos no início do ano letivo; b) possibilita que ele planeje com mais segurança o trabalho a ser realizado.

6. Iniciado o trabalho, que outras produções são recolhidas?

Periodicamente, o professor recolhe novas evidências (amostras) de aprendizagem (não mais iniciais), para compará-las com os critérios de avaliação e com os melhores trabalhos selecionados pelos alunos, para que possa reorganizar o trabalho pedagógico.

7. Como ajudar os alunos a avaliar seu próprio trabalho?

A autoavaliação é uma capacidade a ser construída desde cedo, por meio de um processo que pode começar com o professor auxiliando os alunos a identificar e registrar os critérios de avaliação. Cabe ao professor orientá-los na descoberta dos requisitos necessários à produção de um trabalho considerado adequado. O processo pode ter início com os alunos analisando as características de uma produção considerada adequada. Naturalmente, isso será feito levando em conta o nível de desenvolvimento dos alunos. À medida que aprendem novos conceitos e habilidades, durante o ano, eles revisam ou acrescentam novos critérios. Observa-se, então, que esses critérios não são inteiramente preestabelecidos, mas são construídos enquanto o trabalho se desenvolve.

É necessário que os alunos examinem produções que cumpram os critérios de um trabalho adequado à sua natureza (as produções são de naturezas diversas, segundo as áreas de conhecimento, as linguagens que expressam, os estilos nos quais se baseiam etc.). Por exemplo: as crianças podem começar a reconhecer as características de uma escrita adequada lendo, examinando diferentes peças escritas e discutindo sobre elas. Elas internalizam esse conhecimento, o que lhes possibilita praticar a autoavaliação. Essa prática as ajuda a desenvolver análise consistente do seu próprio trabalho (Easley e Mitchell 2003, p. 28).

Os critérios de avaliação dos portfólios podem ser registrados de diferentes formas, dependendo da idade dos alunos e dos componentes curriculares a que se refiram. Uma das possibilidades é a construção de um quadro de critérios. A criatividade dos alunos e do professor é que apontará a melhor maneira de fazer esse registro.

Os critérios de avaliação do portfólio constituem uma ferramenta importante para o trabalho do dia a dia. À medida que eles vão se tornando familiares aos alunos, são utilizados com mais segurança. Ajudar os alunos a construir critérios de avaliação é uma tarefa que demanda tempo, mas que vale a pena. Periodicamente, acréscimos e revisões são necessários, assim que novos conceitos e habilidades são incorporados.

Critérios comuns de avaliação – em forma de quadros, por exemplo – têm uma vantagem adicional: por meio de linguagem comum, os alunos discutem e avaliam sua aprendizagem. Isso significa que eles e o professor passam a falar a mesma linguagem, o que torna a avaliação transparente e, consequentemente, democrática.

Os critérios de avaliação devem ficar expostos aos alunos durante todo o ano, para que eles os consultem enquanto trabalham e, principalmente, enquanto selecionam as produções a serem incluídas no portfólio. O professor deve encorajar essa consulta sempre que os alunos escolhem seus trabalhos ou os revisam, para que estejam certos de que cumprem os critérios.

Esses critérios são anotados de modo a ser entendidos pelos alunos. Exemplos de critérios para a formação de bons escritores, para turmas de 2ª ou 3ª série da educação fundamental:

- sua escrita deve ter começo, meio e fim;
- coloque sentimento na sua escrita: alegria, tristeza, surpresa, dúvida etc.;

- coloque ponto final, ponto de exclamação e ponto de interrogação ao final de cada sentença;
- comece cada sentença com letra maiúscula;
- escreva com sua melhor letra;
- use detalhes em seu trabalho;
- não comece todas as sentenças da mesma forma;
- quando terminar, releia seu trabalho.

A construção dos critérios é um processo desenvolvido ao longo do ano. Por isso é importante que os alunos analisem produções que tenham qualidade, para que possam retirar delas as características que as fazem assim.

8. Que tipo de formação/informação o professor precisa ter para adotar convenientemente esse processo avaliativo?

Ele deve conhecer o componente curricular com que trabalha (seus objetivos, conteúdos e sua necessária articulação com os outros componentes curriculares) e ter uma sólida formação pedagógica que o capacite a organizar, desenvolver e avaliar a aprendizagem dos alunos, o trabalho pedagógico que coordena e a sua própria atuação. Por sólida formação pedagógica entendo a que possibilita ao professor coordenar um processo avaliativo que vise à aprendizagem de todos os alunos. A avaliação por meio do portfólio exige do professor postura avaliativa diferente da tradicional: ele não "ensina" para que os alunos "tirem boas notas" e sejam aprovados. Ele coordena trabalho pedagógico por meio do qual os alunos aprendam e se desenvolvam como pessoas.

9. Quais são os componentes de um portfólio?

Como já foi discutido, os componentes são as melhores produções do aluno, por ele próprio selecionadas, com base nos objetivos de aprendizagem e nos critérios de avaliação formulados com sua participação. Vimos que o portfólio é construído pelo aluno para que evidencie para ele e para o professor (e para outras pessoas que por ele se interessem) a sua aprendizagem.

Contudo, o processo de realização desse trabalho varia segundo o nível de desenvolvimento dos alunos. Será possível adotar o portfólio na educação infantil? Penso que sim, com as devidas adaptações, dados o nível de desenvolvimento dos alunos e a natureza das atividades. Nesse caso, a parte inicial de organização caberá mais ao professor. Além disso, ele ficará muito atento às reações das crianças para ele próprio descrevê-las no portfólio. Constantemente o professor e os alunos, conjuntamente, refletem sobre o que foi aprendido, sobre os sucessos e como eles podem avançar. Essas discussões desenvolverão o vocabulário das crianças e as iniciarão no processo de autoavaliação. São discussões informais e orais, após as quais o professor fará o seu registro. Não entendo, porém, que ele deva ter sobrecarga de trabalho. Já vi um portfólio de uma criança de três anos de idade todo organizado pela professora, que incluía algumas atividades artísticas da própria criança, fotos em que ela aparecia e relatórios xerocados de projetos desenvolvidos. A mãe comentou comigo que o portfólio quase nada lhe dizia sobre seu filho especificamente. No entanto, a professora parece ter tido muito trabalho para organizá-lo. Além disso, ouvi de uma professora de uma escola de educação infantil que ela havia desistido de ali atuar por causa do portfólio, que era muito trabalhoso. Talvez sua implantação não estivesse sendo feita da maneira adequada.

Se para os professores ele não deve trazer sobrecarga de trabalho, também para os alunos não deve causar dificuldades. Se substituirmos o uso exclusivo da prova por outro procedimento que cause mais temor ainda, aí é que vamos nos enredar em complicações. O trabalho escolar é sério e rigoroso, mas pode ser prazeroso.

Nos anos iniciais da educação fundamental é que os alunos já podem construir sistematicamente seus portfólios. O que é incluído neles e quando incluir são decisões a serem tomadas pelo professor juntamente com sua turma. Para começar, até que professor e alunos ganhem segurança, o portfólio pode referir-se a um tema, a um projeto, a um componente curricular, a um bimestre etc. Cabe ressaltar que o portfólio se presta ao desenvolvimento de trabalho integrado dos diferentes temas e componentes curriculares. Seu uso pode contribuir para a eliminação do trabalho fragmentado em disciplinas, tão comum em nossas escolas.

Os primeiros itens a serem colocados no portfólio são as produções iniciais obtidas no começo do ano (elas são as únicas peças não selecionadas pelos alunos). A partir disso, o professor combina com os alunos em que momentos eles escolherão suas melhores produções para fazer parte do portfólio. Os alunos comparam suas melhores produções, durante o ano, com as realizadas no início e com os critérios de avaliação. Com base nessa avaliação eles formulam novos objetivos de aprendizagem. Isso é que torna o trabalho pedagógico individualizado. Ao contrário do que algumas pessoas pensam, a individualização não está em o professor trabalhar individualmente com cada aluno, o que seria inviável, mas em se oferecerem oportunidades para este analisar seu progresso e suas necessidades e formular suas maneiras de aprender, sempre com a ajuda do professor.

Easley e Mitchell (*op. cit.*, p. 34) relatam sua experiência com o portfólio de seus alunos, que tem duas seções: o portfólio de trabalho e o portfólio cumulativo. O portfólio de trabalho contém as mais recentes evidências para avaliação. Cada período escolar (corresponde ao que nós chamamos de bimestre) tem seu *folder* separado (codificado por cor) no portfólio, no qual são colocados os melhores trabalhos do período. Para o primeiro período, os alunos selecionam os melhores trabalhos e os colocam no *folder* do primeiro período. Os alunos comparam suas melhores produções com os critérios de avaliação e as amostras iniciais. Essas amostras e as melhores produções são colocadas nos respectivos *folders*, que fazem parte do portfólio de trabalho. Esse processo é repetido ao final de cada período, quando os alunos usam as suas amostras iniciais para avaliar seu progresso em relação ao período anterior.

Na outra seção, denominada de portfólio cumulativo, são incluídas as melhores produções do último período do ano letivo. O portfólio cumulativo acompanha o aluno ano após ano, série após série.

Talvez seja mais fácil começar a adotar o portfólio com alunos dos anos iniciais da educação fundamental porque suas experiências de aprendizagem e de avaliação ainda não carregam ranços e vícios. Com alunos da 5ª série da educação fundamental em diante pode-se encontrar resistência a esse trabalho, ou também pode ser que eles o vejam de maneira positiva. Tudo vai depender de como o processo lhes for apresentado. Como nos anos iniciais um só professor costuma trabalhar com a turma, torna-se mais fácil introduzir inovações. A partir da 5ª série, a organização do trabalho em várias disciplinas pode ser um elemento dificultador por um lado, mas facilitador por outro, justamente pelo fato de cada professor se responsabilizar por uma disciplina. Contudo, esse mesmo professor geralmente trabalha com várias turmas numerosas, o que tem sido apontado como um aspecto dificultador. Cabe ao grupo de professores da escola discutir e decidir a melhor forma de conduzir a avaliação, de modo a promover a aprendizagem dos alunos.

10. O que o professor pode fazer se discordar da escolha do melhor trabalho pelo aluno?

Essa é uma questão de difícil solução, porque os professores estão acostumados a ser os únicos avaliadores. Se um aluno escolhe, como sua melhor produção, um trabalho inferior a outros que já produziu, é sinal de que lhe falta compreensão do que se espera de um trabalho adequado. Esse é um ponto que merece atenção pelo professor, sendo, também, uma boa oportunidade de avaliação. O professor deve respeitar a escolha do aluno, mas reconhecer que ela é um indicador de que precisa oferecer mais atenção a ele. Se o professor quiser incluir outra produção do aluno no portfólio, terá que discutir isso com ele. Nesse caso, uma observação de que aquele trabalho foi escolhido pelo professor e uma explicação sobre os motivos dessa escolha devem ser anexadas a ele. O trabalho escolhido pelo aluno, porém, deve obrigatoriamente permanecer no portfólio.

11. Deve o professor inserir itens no portfólio do aluno?

Essa inserção é questionável. Ela poderia fazer com que o aluno sentisse que aquele trabalho não lhe pertence inteiramente. Incluir trabalhos escolhidos pelo professor é uma decisão sua. Alguns professores poderão argumentar fortemente que nem sempre as escolhas dos alunos refletem suas capacidades. Caso seja incluída alguma produção selecionada pelo professor, ela deve vir com o adendo "escolhida pelo professor", de forma bem visível.

Outros itens incluídos pelo professor podem ser: provas, entrevistas, levantamentos, registros etc. No caso de inclusão de provas, é recomendável examinar a razão de sua inclusão e o que elas avaliam (Easley e Mitchell 2003, p. 38). Cabe refletir sobre o seguinte: elas representam o que os alunos aprenderam? Enriquecem o portfólio?

12. O que é feito com os portfólios ao final do ano letivo?

O desejável é que os portfólios de um ano sejam analisados por professores do ano seguinte, para conhecimento do que cada aluno já aprendeu e de quais são suas capacidades. Eles dão aos professores a oportunidade de conhecer o progresso do aluno ao longo de seu processo de aprendizagem. Essa é uma de suas vantagens, em oposição a procedimentos de avaliação episódicos e fragmentados. Os portfólios revelam as potencialidades e as fragilidades do seu autor e contribuem para que não haja descontinuidade no processo de aprendizagem.

13. Como o portfólio pode ser adotado por professores que atuam em turmas de 5ª série em diante?

A organização do trabalho pedagógico nessas turmas é diferente da que encontramos nos anos iniciais da educação fundamental. Os professores trabalham com disciplinas e em várias turmas, o que faz com que tenham um número grande de alunos. Como eles poderão reunir e analisar número tão grande de produções iniciais? Como orientar a construção de tantos portfólios? Como eles poderão conduzir esse processo trabalhando com tantos alunos? Uma das possibilidades é o trabalho colaborativo de professores, de modo que o aluno construa o portfólio para todas ou algumas disciplinas. Outra possibilidade é a de o portfólio abranger um tema, uma unidade, um projeto etc., de modo que nem todas as turmas de um mesmo professor adotem o portfólio ao mesmo tempo. O importante é que essas questões sejam discutidas pelo grupo de professores, que eles examinem as condições para a realização do trabalho e dele participem aqueles que se sentem preparados para isso.

14. Como os portfólios podem ser apresentados aos pais?

O trabalho com portfólio constitui uma maneira autêntica de os pais acompanharem o que seus filhos fazem na escola. Além disso, proporciona o desenvolvimento da autoconfiança nos alunos, fazendo com que se sintam orgulhosos de seu desempenho. Assim sendo, nada melhor do que os próprios alunos apresentarem o portfólio a seus pais, em um encontro dirigido por eles. Geralmente os pais participam de encontros organizados e conduzidos pelos profissionais da escola. Como o portfólio imprime dinâmica diferente ao trabalho escolar, dando chance ao aluno de ser o autor de sua aprendizagem, também no momento de comunicar aos pais o progresso que vem alcançando, ele é quem deve estar à frente. Desses encontros participam os pais do aluno, ele próprio e o(s) professor(es). O aluno apresenta o portfólio e, em seguida, os participantes discutem o trabalho realizado, em termos dos avanços e dos novos encaminhamentos.

Esse é um dos momentos mais importantes da avaliação por meio do portfólio: a oportunidade de o aluno compartilhar sua aprendizagem. Como ele o construiu e selecionou suas melhores produções, essa atividade valoriza todo o processo. Pertencimento é elemento-chave dessa avaliação. Durante a apresentação, o aluno é estimulado a falar tranquilamente sobre seu trabalho e a compará-lo com produções anteriores, a discutir seu desenvolvimento ao longo do tempo e a analisar o alcance dos objetivos. O papel do professor é o de ajudar o aluno a planejar o encontro; seu sucesso depende da preparação do aluno para essa atividade. Ele tem de saber o que fazer e a razão de o processo ser assim conduzido.

15. Como preparar os pais para participar desse encontro?

É extremamente importante a preparação dos pais. Eles geralmente não estão acostumados com esse processo de avaliação, que difere muito do que vivenciaram como alunos. Costumam manifestar sua apreensão sobre sua validade. Eles podem não compreender, no início, os seus benefícios. Por isso, a escola precisa prepará-los antes de os encontros dirigidos pelos alunos começarem. Aqui vão algumas sugestões, que podem ser aperfeiçoadas e complementadas levando em conta os diferentes contextos escolares.

- Organização de sessões de informação – no início do ano letivo, uma sessão de informação sobre a avaliação por meio do portfólio deve ser realizada. Informações claras e precisas sobre o tema são expostas aos pais, que serão estimulados a fazer perguntas. Nesse momento, todos os professores e demais integrantes da equipe pedagógica devem estar seguros quanto aos objetivos, à operacionalização e às expectativas em relação ao trabalho que está sendo iniciado. Os encontros dirigidos pelos alunos são explicados em detalhes. Portfólios de anos anteriores, caso já existam, são apresentados. Essas sessões se realizam com regularidade, para que os pais adquiram confiança no processo.

- Envio de folhetos explicativos – periodicamente (semanal, quinzenal ou mensal), são enviados pequenos artigos ou comunicações sobre portfólio, sobre os encontros dirigidos por alunos, relatos e outras informações sobre o tema, para manter os pais atualizados e interessados no trabalho em andamento. Os artigos e comunicações devem ser curtos, fáceis de ser lidos e compreendidos e desprovidos de terminologia pedagógica. Ao final de cada artigo ou comunicação, pode se inserir um espaço onde os pais façam comentários ou levantem questões a serem respondidas em outros folhetos ou em sessões de informação. Essa estratégia de educação dos pais permite que eles leiam o material enviado e reflitam sobre ele na privacidade de sua casa. O retorno que ela oferece representa um material rico que, devidamente analisado pela escola, proporcionará a execução do trabalho pedagógico que a sociedade merece receber.

- Envio de produções dos alunos para os pais – após identificar o nível de desenvolvimento do aluno, no início do ano letivo, o professor deve discuti-lo com os pais. Com certa frequência, os pais precisam receber evidências da aprendizagem dos filhos, acompanhadas de comentários sobre seu progresso. Essa prática é particularmente importante para os alunos que não estão alcançando as expectativas. Também é necessário convidar os pais para ir à sala de aula algumas vezes durante o ano e não apenas para receber os resultados da avaliação. Alguns pais interessados e com disponibilidade de tempo poderiam até mesmo ser preparados pela escola para atuar como voluntários.

16. É possível que o aluno construa um bom portfólio e continue apresentando desempenho insatisfatório?

O portfólio contém evidências do progresso do aluno ao longo do ano. Mesmo que ele não cumpra as exigências do programa de uma determinada série, as produções ou amostras selecionadas sempre demonstram avanço. Uma das grandes vantagens do portfólio é possibilitar ao aluno conhecer detalhadamente o processo avaliativo, tornando-o, consequentemente, "dono" do seu trabalho. É uma demonstração de que avaliação é aprendizagem. A ideia tradicional da avaliação como uma "caixa-preta" cai por terra.

O portfólio precisa conter evidências confiáveis do desempenho para ser considerado um procedimento válido. Mesmo as produções mais bem organizadas e completas não serão úteis para avaliação se não expressarem as expectativas curriculares. A avaliação por meio de portfólio é um processo multifacetado: requer tempo, determinação, planejamento e fundamentação teórica (Easley e Mitchell 2003, p. 22).

O portfólio reflete o desenvolvimento individual e pode revelar avanço significativo de aprendizagem durante o ano letivo. Apesar disso, o aluno pode continuar apresentando desempenho abaixo do esperado para a série/ano em que se encontra. Essa situação deve ser analisada pela equipe da escola e discutida com os pais, para que se estabeleçam novas maneiras de atender às necessidades do aluno. O grande dilema enfrentado pelas escolas tem sido a questão da aprovação ou reprovação do aluno. O leitor deve estar pensando: "Se o aluno trabalhou bem, segundo suas possibilidades, mas suas produções não revelaram o alcance dos objetivos previstos, o que fazer?". Segundo a organização convencional de trabalho pedagógico, ele "repetiria" a série ou iria para a seguinte, com o estigma de não ter alcançado todas as expectativas. O que se pretende é que o portfólio mude essa cultura escolar já estabelecida, de modo que ele seja o eixo orientador de outra lógica de trabalho escolar: o aluno está em processo de aprendizagem e sempre progredindo. A organização em séries é um dificultador desse entendimento. O agrupamento e o reagrupamento dos alunos são feitos continuamente, ao longo do ano, com a intenção de favorecer seu progresso. O trabalho com o portfólio não comporta o sentido da retenção e da composição de turmas com alunos que caminham juntos, como "tropas em ordem unida", durante todo o ano letivo. Cabe à escola organizar o trabalho, em todos os aspectos, de forma a cumprir esse propósito. Para isso, ela tem de ter autonomia para se desenvolver. Consequentemente, ela própria avaliará seu trabalho e será avaliada por outros meios.

A avaliação por meio de portfólios pode tornar-se mais rica se for desenvolvida de forma colaborativa pelos professores: em lugar de cada um analisar apenas os portfólios de sua turma, a troca de portfólios entre eles trará avanços para o processo e o trabalho pedagógico.

A prática da avaliação colaborativa baseia-se na ideia de que avaliação é investigação: de como os alunos aprendem, o que aprendem, de que maneira, sua compreensão do mundo etc. Essa avaliação não começa nem termina com o registro de julgamentos. Ela se inicia com a leitura cuidadosa das atividades realizadas pelo aluno e com a formulação de questões sobre seu trabalho. É concluída com considerações que encorajem a continuidade do trabalho.

A frequência da realização das sessões de avaliação colaborativa é estabelecida pela escola. Uma vez por mês seria a quantidade mínima. As sessões devem durar o tempo suficiente e ser realizadas com a frequência adequada para permitir o exame rigoroso e aprofundado de alguns portfólios. Essa avaliação colaborativa pode ocorrer durante as reuniões de conselho de classe; contudo, estas costumam ter também outros objetivos e a participação de número maior de pessoas. Os professores precisam de um tempo somente deles para a avaliação dos portfólios, para que se sintam à vontade para fazer comentários sobre sua atuação.

17. Como trabalhar com o portfólio em cursos de nível superior?

Em cursos de nível superior, o trabalho pode parecer mais fácil, mas se enfrenta o seguinte problema: os alunos, de modo geral, pelo fato de já terem passado cerca de 11 anos em escolas, por experiências nem sempre positivas, estão acostumados a receber tudo pronto dos professores, não foram preparados para ler, pensar e tomar decisões e oferecem resistência ao processo que exige sua participação. Tenho trabalhado com a disciplina "avaliação da aprendizagem", no curso de Pedagogia da Faculdade de Educação da Universidade de Brasília. Há cinco anos adoto o portfólio como procedimento de avaliação e tenho ouvido dos alunos que ele é válido mas traz dificuldades, já que eles não estão acostumados a escrever, a formular objetivos e critérios de avaliação, a avaliar suas produções, a refazê-las, após avaliação sua e do professor, a selecionar novas fontes de informação. Em resumo: a grande dificuldade é pensar e tomar decisões. Em toda a sua trajetória escolar, sempre esperaram pelas definições dos professores. No curso de nível superior em que estão se formando para atuar em escolas (poderão ser professores, diretores, orientadores educacionais e orientadores pedagógicos), encontram dificuldade para mudar de postura diante do trabalho. No primeiro semestre de 2001, um aluno, inconformado com a sistemática de trabalho adotada, foi ao Decanato de Graduação solicitar a ementa da disciplina para me mostrar que ela não fazia menção ao uso do portfólio e que, portanto, eu não deveria usá-lo. Tentei argumentar com ele que a ementa já era obsoleta e que ele próprio deveria reivindicar um trabalho atualizado, baseado em bibliografia mais recente, para que pudesse formar-se segundo as necessidades do momento. Percebi que ele até entendeu, mas me pareceu estar inseguro quanto à questão. Outras resistências têm surgido, de forma explícita ou não.

Na disciplina "avaliação da aprendizagem", o portfólio tem sido utilizado com os seguintes objetivos: participação dos alunos na organização, na execução e na avaliação do trabalho, de modo a desenvolverem o senso de corresponsabilidade, a criatividade e a livre expressão; análise e prática da avaliação articulada ao trabalho pedagógico comprometido com a formação do cidadão capaz de pensar e tomar decisões. Como decorrência, surge o objetivo maior: formar profissionais da educação reflexivos e capazes de construir prática semelhante nas escolas onde atuarão. Esse tem sido o foco do trabalho.

No primeiro encontro, apresenta-se a proposta de trabalho aos alunos, justificando-se a necessidade de adoção de sistemática que os coloque em posição de corresponsabilidade e não de subordinação ao processo de trabalho organizado inteiramente pelo professor. Discutem-se as necessidades atuais da organização do trabalho escolar, partindo-se, em seguida, para a análise da fundamentação teórica da avaliação por meio do portfólio e de suas possibilidades de uso na escola – pelo aluno e pelos diferentes profissionais. Ao mesmo tempo em que os alunos se familiarizam com o portfólio, tem início a análise de livros, textos e relatórios de pesquisa sobre avaliação escolar.

A construção do portfólio tem início com a discussão, em pequenos grupos, dos propósitos comuns à turma. Como os alunos chegam a essa disciplina sem ter ainda vivenciado a avaliação por meio do portfólio, tem dado bons resultados essa sistemática de o portfólio ter propósitos comuns ao grupo e outro(s) específico(s). Embora o trabalho de criação seja individual, momentos de troca de ideias têm sido valiosos para que os alunos não se sintam desamparados diante de uma "inovação trazida pelo professor" e para que todos tenham oportunidade de se expressar livremente. Nesses momentos, minha participação tem sido fundamental, no sentido de prestar esclarecimentos, complementar informações, encorajar as iniciativas e ouvir os diferentes comentários. Após o trabalho em pequenos grupos, os propósitos são anotados no quadro de giz e os alunos e eu fazemos sua compatibilização, de modo a construirmos os propósitos que nortearão o trabalho de todos. Costumam surgir propósitos muito semelhantes e outros muito ambiciosos, impossíveis de ser alcançados em um semestre. Meu papel nesse momento é de esclarecer, argumentar e, por meio de perguntas, criar a possibilidade de incluir os propósitos que faltarem, levando em conta a inexperiência dos alunos com esse processo. Os propósitos comuns à turma são registrados por todos e fazem parte de cada portfólio.

Feito isso, cada aluno elabora pelo menos um propósito específico para o seu portfólio, que é cuidadosamente analisado por mim. Não tem sido fácil para os alunos formularem esse propósito específico. Alguns deles demoram semanas para fazer essa tarefa. A justificativa é sempre a mesma: não familiaridade com esse tipo de trabalho. Com alguns alunos tenho de me reunir e discutir para que cheguem a essa formulação. Esse propósito específico é importante por ser uma maneira de cada aluno tomar suas decisões. Como a turma tem sido constituída de alunos matriculados em diferentes habilitações (futuros professores dos anos iniciais da educação fundamental, da educação especial e futuros orientadores educacionais e orientadores pedagógicos e futuros diretores de escola), discuto com eles as várias possibilidades de analisar o papel da avaliação nas diversas atividades escolares. Por exemplo: analisar a avaliação praticada *na* escola. Isso porque costuma-se discutir a avaliação do aluno na "sala de aula", sem levar em conta que ela acontece em outras instâncias escolares.

Estabelecidos os propósitos, tem início o processo de construção do portfólio. Como os alunos, de modo geral, estiveram, até aquele momento, acostumados a apenas cumprir ordens de seus professores, tenho percebido que meu papel é o de acompanhar e encorajar o desenvolvimento das atividades em cada encontro. A tendência é eles acharem que, lançada a ideia, a professora a esquecerá e tudo continuará como antes. Eles se sentem confiantes quando analisamos em conjunto o que estão produzindo. É muito comum ouvir deles a reclamação de que não sabem o que é o portfólio nem são capazes de construí-lo. Também pedem que eu leve um portfólio para que possam ver "como ele é", tamanha a insegurança de desenvolver um trabalho participando de sua concepção e de sua construção. Isso acontece porque o trabalho escolar ao qual foram acostumados desde a infância é organizado de maneira padronizada e repetitiva, quase sempre seguindo modelos desatualizados. É lamentável perceber que situações como essa ainda ocorrem em cursos de formação de profissionais da educação. Muitos alunos do curso de Pedagogia concluíram o curso de Magistério, em nível médio. Por entender que a cultura escolar e a cultura avaliativa não podem ser mudadas repentinamente, organizo momentos de análise dos portfólios em sala de aula, por toda a turma e em pequenos grupos, para provocar a discussão sobre sua construção. Abaixo, citam-se alguns propósitos específicos incluídos em portfólios dos alunos do curso de Pedagogia:

- pesquisar e colher materiais para reflexão sobre avaliação que possam subsidiar meu trabalho docente, explorando aspectos como: como é a prática da avaliação nas escolas hoje; de que forma os atuais pesquisadores e teóricos pensam a avaliação; o que eu penso e quais são as minhas reflexões sobre o processo da avaliação;
- identificar e analisar propostas alternativas de avaliação para as séries iniciais e para a educação infantil;
- investigar o papel da avaliação desempenhado pela orientação educacional;

- analisar como o orientador educacional pode atuar junto com os professores na avaliação dos alunos;
- investigar como o professor pode avaliar o desempenho do aluno observando seu ritmo de aprendizagem e sem usar ameaças;
- registrar minha trajetória pela disciplina para servir de subsídio para a minha autoavaliação e a avaliação pela professora;
- identificar e examinar práticas avaliativas adequadas à educação de jovens e adultos.

Iniciada a construção dos portfólios, os alunos começam a indagar como será a avaliação de um trabalho como esse. Discutimos o seguinte: se o trabalho com o portfólio se baseia na construção, na reflexão, na criatividade, na parceria, na autoavaliação e na autonomia, seria adequado que apenas a professora avaliasse o portfólio? Ele não é o próprio procedimento de avaliação? Se a parceria e a autoavaliação são princípios considerados, como a professora e os alunos avaliarão o processo de construção do portfólio? Nesse ponto chegamos à conclusão de que teremos de formular descritores ou critérios de avaliação a serem usados pela professora e por eles próprios. O passo seguinte é, então, a formulação, em conjunto, dos descritores ou critérios de avaliação. Os conteúdos de avaliação analisados na disciplina nos auxiliam nessa tarefa. Em pequenos grupos, os alunos examinam o plano de trabalho da disciplina, de modo particular os objetivos da aprendizagem, assim como os propósitos dos portfólios. Esse é o ponto de referência para a formulação dos descritores de avaliação. Os resultados do trabalho de cada grupo são discutidos no grande grupo, para que se chegue à formulação geral dos descritores da turma. Nesse momento eu acompanho, argumento, pergunto e ajudo para que as discussões avancem. Dois descritores não costumam ser mencionados, mas minha experiência indica que devo conduzir as discussões para que sejam incluídos: a construção do portfólio ao longo do semestre e o cumprimento dos prazos estabelecidos. Como os alunos estão acostumados a "entregar" trabalhos periodicamente e a "fazer provas" nos momentos definidos pelo professor, de modo geral, eles não conseguem caminhar sem direcionamento. Nos primeiros semestres de uso do portfólio, enfrentei situações de alunos que não apresentavam seus portfólios de jeito nenhum, por falta de hábito de eles próprios se organizarem para trabalhar.

Isso me fez perceber que eu precisava direcionar um pouco as atividades, até que eles manifestassem condições de avançar com autonomia. Uma das turmas do ano 2000 elaborou os descritores de avaliação apresentados no Quadro 1 que se segue.

Quadro 1 – Descritores de avaliação do portfólio

	Descritores	Avaliação pelo aluno	Avaliação pela professora
1.	Cumpre os propósitos gerais		
2.	Cumpre o propósito específico		
3.	Apresenta análise do material incluído		
4.	Contém propostas/formulações/recomendações para enfrentamento das dificuldades relacionadas ao desenvolvimento da avaliação		
5.	Apresenta textos escritos com correção		
6.	Inclui reflexões sobre o processo de aprendizagem e de avaliação		
7.	Apresenta organização que facilita a sua compreensão		
8.	Foi construído ao longo do semestre		
9.	Apresenta síntese conclusiva		
10.	Apresenta avaliação final do trabalho		

Observo que, após terem os propósitos do portfólio e os descritores de avaliação, os alunos ganham segurança para trabalhar. Há os que buscam informações na Internet, criam poemas, apresentam para a turma reportagens atualizadas sobre os temas em estudo e relatam suas experiências. Uma das dificuldades percebidas a cada semestre é a formulação inicial de descritores de avaliação vagos. O motivo talvez esteja no fato de os alunos estarem habituados a não participar do planejamento da avaliação e de, em alguns casos, receberem critérios confusos, nem sempre apresentados e discutidos com eles.

Após um mês de encontros, os alunos são solicitados a apresentar ao grupo o portfólio em desenvolvimento. Esse é um momento rico, porque: a) revela interesses, iniciativas e talentos; b) as dúvidas são esclarecidas em conjunto; c) colocam-se em prática os princípios do trabalho; d) alunos e professora se conhecem melhor. São momentos encorajadores porque, vendo diferentes ideias, os alunos reveem as suas próprias.

Negocio com os alunos as datas em que os portfólios me serão entregues para análise e para que eu registre meus comentários. Como as turmas têm sido constituídas por cerca de 40 alunos, tenho analisado individualmente os portfólios três vezes durante o semestre. Há alunos que solicitam mais atenção por parte da professora. Esses costumam levar os portfólios para ser analisados com mais frequência. Cada portfólio apresenta uma folha em branco, onde registro meus comentários de encorajamento e necessidades de melhoria. Na UnB, os resultados da avaliação são expressos por meio de menções. Durante todo o semestre, os trabalhos dos alunos da disciplina não recebem menções. Os portfólios lhes fornecem minha análise e comentários indicadores de minha percepção sobre seu desempenho. Ao lado disso, eles também avaliam o andamento do seu trabalho, o dos trabalhos da turma e a atuação da professora, por meio de reflexões escritas e inseridas no portfólio. Casos específicos são analisados separadamente pela professora e pelo aluno envolvido.

Ao final do semestre letivo, reúno-me com cada aluno para a última análise do portfólio e a atribuição da menção final, levando em conta os propósitos e os descritores formulados.

Na experiência em desenvolvimento, o processo de construção do portfólio e o produto dele decorrente não são itens isolados. O processo ocorre durante todo o semestre, por meio das atividades coletivas em sala de aula e das individuais, fora dela. Os momentos de atividades desenvolvidas em conjunto por alunos e professora proporcionam ambiente de aprendizagem seguro, confiável e desprovido de julgamento, quando se reflete sobre o papel a ser desempenhado pela avaliação na organização do trabalho que estará sob a responsabilidade dos futuros profissionais.

Como produto, o portfólio tem o formato escolhido por seu autor. Com base nos propósitos formulados, os alunos decidem sobre os itens que o comporão. Esses itens possibilitam a construção do diálogo entre o próprio portfólio como procedimento de avaliação e a organização do trabalho pedagógico. Por esse motivo, não há uma maneira "certa" de produzir um portfólio. Aí reside seu grande valor: por meio da criatividade e da liberdade de expressão, o aluno se compreende e se faz compreender.

As dificuldades que tenho encontrado com mais frequência têm sido a sobrecarga de trabalho para mim e o engajamento dos alunos em um processo de trabalho bem diferente daquele ao qual têm sido submetidos. Como tenho oferecido a disciplina a turmas de cerca de 40 alunos, o processo tem sido trabalhoso, porque as duas dificuldades se entrelaçam. Mudar a concepção de trabalho escolar de pessoas que já estão condicionadas ao controle do professor há pelo menos 11 anos não é tarefa fácil. Contudo, é preciso levar em conta que essas mesmas pessoas irão construir nas escolas onde atuarão processo de trabalho semelhante ao que executaram como estudantes. Daí a necessidade de vivenciarem a construção do conhecimento e não sua mera reprodução.

Uma dificuldade decorrente da segunda é a tendência que os alunos têm de dar ao portfólio o formato de coletânea de textos e relatos, sem reflexão. Como a disciplina analisa as inconveniências da avaliação tradicional e propõe a avaliação articulada ao trabalho pedagógico destinado a formar o cidadão para pensar e tomar decisões, alguns alunos costumam entender que a avaliação adotada será menos rigorosa e começam a construir seu portfólio como uma pasta que apenas reúne textos. Para que se chegue a um trabalho reflexivo e criterioso, há necessidade de atenção individual aos alunos.

Outra tendência de alguns alunos é criar portfólio esteticamente rico, porém pobre quanto ao conteúdo das produções, o que tem demonstrado a necessidade de acompanhamento constante do trabalho. Este é o ponto principal do processo: professor e aluno têm conhecimento de tudo o que está sendo feito, motivo pelo qual as considerações avaliativas são frequentemente oferecidas.

Outras dificuldades se apresentam: a) falta de hábito dos alunos de escrever, de analisar o que produzem e de escolher suas melhores produções; b) não utilização de procedimento semelhante por outros professores do curso; c) não desenvolvimento do portfólio ao longo do semestre, por parte de alguns alunos; d) falta de tempo. Muitos deles trabalham e cumprem grande número de créditos por semestre, porque já estão acostumados a desenvolver trabalho nas diversas disciplinas de forma quase sempre mecânica e repetitiva. Quando um professor propõe uma dinâmica que requer sua participação e seu trabalho, em lugar de apenas "irem assistir às aulas", eles se assustam.

Toda inovação apresenta dificuldades iniciais; na situação de uso do portfólio em um curso de Pedagogia, as possibilidades as superam. Uma das mais significativas é a de possibilitar o confronto entre a teoria e a prática da avaliação inserida em um trabalho em que os futuros profissionais da educação participem da tomada de decisões pedagógicas.

Algumas dificuldades ou limitações à adoção do portfólio podem ser superadas por nós mesmos, professores e demais profissionais da educação. Outras ainda dependem de decisões políticas, como o grande número de alunos nas turmas e a sobrecarga de trabalho dos professores.

Avaliando seu portfólio, duas alunas do curso de Pedagogia consideraram que ele lhes permitiu:

- um aprendizado novo: a construção de uma avaliação participativa, um recurso a mais para utilizar quando forem realizar a tão complexa tarefa que é avaliar;
- vivenciar uma prática pedagógica democrática, pautada no respeito e na ética, possibilitando sempre o refletir sobre o ato pedagógico.

18. De modo geral, que dificuldades têm sido apontadas por professores?

Além das dificuldades já descritas, acrescentam-se as seguintes:

- principalmente professores da educação média recebem com restrições a proposta de uso do portfólio, porque entendem que seu papel é o de preparar os alunos para o vestibular. Embora se trate de um equívoco, costumo argumentar que os alunos que construírem um verdadeiro portfólio estarão também preparados para as exigências das provas do vestibular, que cada vez mais requerem o domínio de capacidades diversas e não apenas da de identificar a resposta correta de uma dada questão;

- adotá-lo em turmas numerosas e em situações em que o professor trabalha com várias turmas;
- de modo geral, as escolas não dispõem de espaço para guardá-los, o que obriga os alunos a deixar os portfólios em casa ou a transportá-los frequentemente de casa para a escola e vice-versa;
- os professores queixam-se de que é difícil atribuir-lhes nota ou menção, quando elas são exigidas pela escola;
- alguns alunos tendem a dedicar-se mais a temas, atividades e/ou formas de expressão com as quais mais se identificam. Se, por um lado, isso é positivo, por outro, pode-se dar ênfase apenas ao que se quer que seja valorizado no portfólio, deixando-se de lado outros objetivos do trabalho. Isso pode ocorrer por parte do aluno e até por orientação do professor;
- as atividades de cunho mais privado e reflexivo poderão receber menos ênfase, porque o aluno poderá entender que deve satisfazer o gosto do professor;
- o trabalho individual pode ser mais enfatizado do que o grupal.

19. E como fica a recuperação, nossa velha conhecida?

Já foi salientado que uma das vantagens do trabalho com o portfólio é o fato de ele possibilitar que as produções do aluno sejam avaliadas por ele próprio e pelo professor. Isso torna possível o acompanhamento permanente da aprendizagem do aluno, por ele e pelo professor, de modo que ele passe às atividades seguintes somente após aprender o necessário para desenvolvê-las. Na lógica da avaliação tradicional, deixa-se que se acumulem "aprendizagens não adquiridas" pelos alunos, encaminhando-os a "estudos de recuperação", todos juntos, ao mesmo tempo, realizando as mesmas atividades. Na avaliação formativa não cabe falar de "recuperação". Recupera-se algo que já existiu. Por exemplo: recupera-se um objeto perdido, o que significa que ele existe. Não faz sentido falar em recuperação em um processo de trabalho em que a aprendizagem e a avaliação andam sempre juntas. Se o aluno está em processo permanente de aprendizagem, ele nada tem a recuperar. Ele está aprendendo sempre e esse processo está sempre em avaliação, de modo que ele, sua família e o professor saibam o que já aprendeu e o que ainda não aprendeu. Esse é o grande lance da avaliação e da aprendizagem. Não há momentos específicos para "recuperação", assim como não deve existir a retenção de alunos. Isso não se confunde com a ideia de "promoção automática". O aluno progride segundo as evidências da sua aprendizagem.

A recuperação realizada nos moldes tradicionais costuma ser feita para melhorar a nota e possibilitar a aprovação do aluno. Por isso nem todos os alunos são encaminhados a estudos de recuperação, apenas os que tiram nota "abaixo da média". Os que estão "na média" ou acima dela vão para a frente, como se tivessem aprendido tudo o que lhes dê condições de prosseguir. Isso demonstra que a escola e a família se interessam apenas pela aprovação do aluno. Porém, as aprendizagens não adquiridas vão se acumulando e levam os professores de séries mais avançadas a reclamar que os alunos não têm os "pré-requisitos". Muitas vezes a escola considera que nada mais pode ser feito. Isso quer dizer que os alunos não aprenderam, apenas "passaram de ano". Que avaliação é essa que não se compromete com a aprendizagem dos alunos?

A Lei de Diretrizes e Bases da Educação (LDB) nº 9.394/96 reforça esse entendimento da recuperação, ao estabelecer, em seu artigo 12, inciso V, que os estabelecimentos de ensino terão a incumbência de "prover meios para a recuperação dos alunos de menor rendimento". Está certa a lei ao considerar a escola como responsável por "prover meios" para a recuperação, usando, intencionalmente, o plural e articulando a avaliação aos procedimentos que assegurem a aquisição da aprendizagem. Isso significa não ser aceitável que o aluno tenha apenas a oportunidade de se submeter a uma segunda prova. Contudo, limitou-se a recuperação àqueles de "menor rendimento". O uso dessa expressão parece indicar ser natural a existência de dois grupos distintos de alunos: os de "maior rendimento", os privilegiados, ou incluídos, e os de "menor rendimento", isto é, excluídos, marginalizados. É necessário que a educação escolar brasileira elimine esse tipo de discriminação, por meio da construção de um trabalho pedagógico cujas práticas avaliativas apóiem a aprendizagem de todos os alunos, sem distinção, e em todos os momentos. Nesse contexto, não cabe a recuperação de estudos episódica, discriminatória e classificatória.

20. Como considerar os portfólios nas reuniões de conselho de classe?

Quando se adota a avaliação formativa, o conselho de classe tem propósito diferente daquele que se vincula à avaliação tradicional. Nesta última, ele funciona como reforçador da classificação, da seleção e da exclusão de alunos, pelo fato de essas ações serem desenvolvidas por um colegiado. Durante uma pesquisa conduzida em uma escola pública do Distrito Federal que atendia crianças de educação infantil e anos iniciais da educação fundamental (Villas Boas 1993, p. 56), observei que as reuniões de conselho de classe destinavam-se à classificação dos alunos e ao controle do trabalho das professoras. Nesses encontros, elas prestavam conta do desempenho de seus alunos, de forma classificatória. A que falava olhava sempre para a diretora. As outras se ocupavam com o preenchimento da ficha-relatório referente à reunião, distribuída no próprio dia. Para cada aluno, a professora indicava o desempenho, a situação na turma (fraco, médio e forte), as providências/encaminhamentos e outras observações necessárias. Não se mencionava análise do trabalho pedagógico. As providências/encaminha-mentos ficavam anotadas na ficha, não sendo objeto de discussão pelo grupo. Cada professora apresentava a situação de seus alunos ou alunas nos seguintes termos: "bom", "desligada", "inteligente", "tem bloqueio", "não identifica vogais", "faz xixi na calça", "está em recuperação", "é suja", "repetente", "tem dificuldade em matemática", "não está acompanhando", "deve ter algum probleminha", "mora com a avó", "só faz as coisas quando quer", "ótimo", "lentíssima", "falta muito", "a mãe só vem à escola para avisar que ela está doente e não pergunta nada sobre ela", "meigazinha", "mora com a irmã", "gosta de chamar a atenção", "tem muita dificuldade", "é preguiçosa", "chegou depois de iniciadas as aulas" etc.

Embora o grupo de professoras se reunisse com um objetivo comum, o trabalho transcorria individualmente, sem análise coletiva e sem tomada de decisões. Não funcionava como um colegiado, em que todos os participantes têm poder de decisão. Ao reforçar a exclusiva avaliação do aluno, especialmente em seus aspectos pessoais, essa instância avaliativa deixava de ter o trabalho pedagógico como seu foco de análise.

Na avaliação formativa, o conselho de classe tem formato e objetivos bem diferentes desses que acabo de relatar. É uma instância coletiva de avaliação da aprendizagem do aluno e do desenvolvimento do trabalho pedagógico. Esses dois aspectos são inseparáveis. Amplia-se, portanto, seu âmbito de atuação. A avaliação, antes unilateral, isto é, somente o aluno sendo avaliado e somente pelo professor, estende-se a todo o trabalho escolar. Além disso, avalia-se a aprendizagem do aluno e não suas características pessoais. Rótulos como os encontrados na situação descrita não são admitidos porque não cumprem função educativa. Nas reuniões de trabalho, analisam-se evidências de aprendizagem e as necessidades constatadas, para que encaminhamentos sejam dados no sentido de promoção da aprendizagem.

As reuniões do conselho de classe constituem momentos privilegiados de avaliação porque reúnem professores de vários componentes curriculares, o diretor ou um seu representante, o coordenador pedagógico, o orientador educacional, outros profissionais da educação que atuam na escola, alunos e até mesmo pais. Para que essas reuniões alcancem os objetivos esperados, cada professor deve estar preparado para – com base em sua perspectiva individual de análise e segundo a ótica de sua disciplina – participar da análise desenvolvida em grupo, em busca das melhores maneiras de condução do trabalho pedagógico nas turmas/séries, ciclos, fases etc. Um dos participantes da pesquisa realizada por Dalben (1992, p. 97) em uma escola de Belo Horizonte, parecendo sentir-se desanimado com o trabalho que desenvolvia, justificou assim a importância do conselho de classe: "É importante vivenciar este grupo que se chama conselho de classe de todas as maneiras. A gente não consegue suportar sozinho a carga de sala de aula. Você não consegue avaliar o aluno realmente se você não participa...". Esse depoimento revela a necessidade de o professor ter momentos de apoio às suas atividades. Talvez o conselho de classe seja o único em que todo o grupo que interage com os alunos se dedica exclusivamente à discussão da aprendizagem e da avaliação.

Quando se avalia a aprendizagem dos alunos por meio do portfólio, ele é a referência para as discussões no conselho de classe. O que cada professor leva para analisar com seus colegas? Com relação à avaliação da aprendizagem do aluno, o professor tem, de forma organizada, os resultados da avaliação de cada professor realizada por meio: a) da comparação das amostras iniciais e das obtidas durante o ano letivo com as produções selecionadas pelo professor; b) da análise do cumprimento dos critérios de avaliação, tendo como referência os objetivos da aprendizagem; c) da análise das informações coletadas por observações, entrevistas e outros procedimentos. Além disso, o professor tem, sistematizadas, informações sobre: a) o desenvolvimento do trabalho pedagógico desenvolvido na turma, incluída a avaliação da sua própria atuação; b) os encaminhamentos para a continuidade do trabalho.

Nesses encontros é fundamental que os portfólios estejam disponíveis para análise. São momentos de integração e de troca de informações que poderão dar segurança ao professor para a continuidade das atividades. Não se pode esquecer do seguinte: se o trabalho com o portfólio se orienta pelos princípios da construção, da reflexão, da criatividade, da parceria, da autoavaliação e da autonomia, esses mesmos princípios deverão estar presentes em todas as atividades realizadas, inclusive no conselho de classe. Nesse sentido, devem ser pensadas formas de participação dos alunos no conselho. A adoção dos princípios mencionados requer que os alunos sejam sujeitos ativos do processo de aprendizagem e de avaliação, o que requer sua presença e sua voz nas reuniões. Esse é mais um argumento que justifica a afirmação de que avaliação é aprendizagem.

Dalben (1992, p. 193) chama a atenção para um aspecto importante do conselho de classe: a participação direta e efetiva de diversos profissionais da educação promove uma rede de relações entre eles, os conteúdos, os turnos, as séries e as turmas. Um mesmo professor participa da avaliação do trabalho por meio de portfólios em vários conselhos que, por sua vez, são compostos por professores que participam de outros vários. Nessa rede que se cria, ampliam-se as análises e as possibilidades de avanço do processo. O envolvimento dos alunos nesse processo de aprendizagem o tornará completo.

O portfólio como um dos componentes do processo de avaliação

O portfólio é um procedimento de avaliação que, juntamente com outros, compõe o processo de avaliação da aprendizagem do aluno adotado pela escola, esquematizado na Figura 1. Esse processo é composto pelos seguintes procedimentos: a) observação do desenvolvimento do trabalho pedagógico e da aprendizagem dos alunos, entrevistas/conversas informais com alunos, levantamentos, encontros com alunos, listas de checagem e outros que a escola queira incluir; b) procedimentos gerais, como provas, projetos, apresentações, experimentações etc.; c) portfólio do aluno.

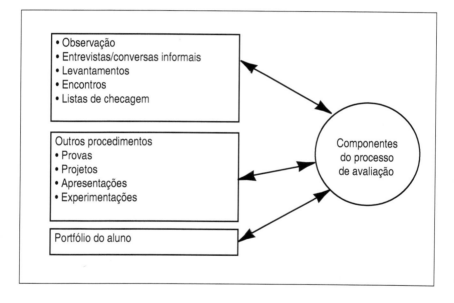

Figura 1 – Processo de avaliação da aprendizagem do aluno.

Um procedimento não é mais importante que outro. O professor, conhecedor de cada contexto, é quem definirá o grau de importância de cada um, se for o caso. Cada um deles cumpre papel significativo. O portfólio tem a característica peculiar de ser construído pelo aluno. É o único procedimento pelo qual o aluno se responsabiliza inteiramente. Essa é a sua singularidade.

Por meio dele, os alunos aprendem a tomar decisões sobre sua aprendizagem. Como no portfólio torna-se difícil o emprego da linguagem oral e como ele é construído individualmente, há a necessidade de as informações nele contidas serem complementadas com outras, obtidas por meio de outros procedimentos de avaliação.

Outro argumento que demonstra a necessidade de o processo de avaliação ser composto não apenas pelo portfólio é a sua impossibilidade de incluir os dados da avaliação informal obtidos pelo professor. O portfólio contém as evidências de aprendizagem do aluno, por meio das produções por ele selecionadas. Há, portanto, a necessidade de a ele se agregarem as informações coletadas pelo professor, por outros meios.

No caso da avaliação informal, já vimos que ela está fortemente presente na educação infantil e na fundamental, havendo a necessidade de o professor usá-la em benefício da aprendizagem e da avaliação. Como já foi constatado (Villas Boas 1993), ela se articula com a avaliação formal. A interação professor/aluno e aluno/aluno oferece informações ricas sobre a aprendizagem do aluno e sobre o desenvolvimento do trabalho pedagógico, as quais nem sempre são evidenciadas por meio dos procedimentos formais. Os procedimentos que analisam o dia a dia do trabalho escolar e a interação professor/aluno e aluno/aluno, como a observação, são os mais adequados à avaliação informal. Seus registros são necessários porque fornecem informações que não são obtidas por meio dos procedimentos formais.

A avaliação integra o processo de aprendizagem. Um depende do outro. Pode-se até afirmar que avaliação é aprendizagem, como já foi analisado. A vivência do processo avaliativo é uma aprendizagem para toda a vida.

Portfólio: Avaliação por meio de múltiplas lentes

O portfólio apresenta a vantagem de permitir a avaliação dos alunos, individualmente, e a de grupos de alunos. Esse é um olhar através de novas lentes que ora focalizam um aspecto particular de um aluno, ora focalizam grupos ou toda a turma (Seidel *et al.* 1997, p. 96).

A leitura, a interpretação e a análise de portfólios requerem o uso de lentes variadas e apropriadas: a) para focalizar o desenvolvimento, as conquistas de aprendizagem e as necessidades de cada aluno; b) para focalizar grupos de alunos em suas capacidades e compreensões; c) para focalizar aspectos característicos de turmas, separadamente, ou de programas da escola.

A ilustração a seguir, adaptada de Seidel *et al.* (1997, p. 96), mostra a variedade de lentes por meio das quais o portfólio pode ser avaliado. Quanto mais apurada for a lente, mais úteis serão os dados obtidos.

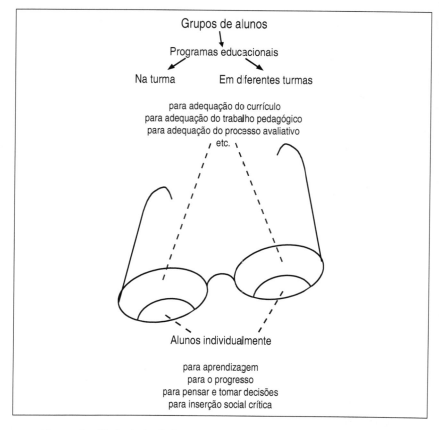

Figura 2 – Variedade de lentes na avaliação por meio do portfólio – adaptação de Seidel *et al.* (1997, p. 96).

Uma lente não serve apenas a um propósito, porque o foco em um aluno individualmente pode fornecer informações sobre o trabalho em desenvolvimento e sobre programas; da mesma forma, focalizar um grupo de portfólios pode oferecer compreensões sobre as crianças isoladamente. A possibilidade de uso de várias lentes chama a atenção para o que Seidel *et al.* (*op. cit.*, p. 97) consideram um ponto crítico: deter o olhar em uma categoria sem levar em conta a outra minimiza a sublime possibilidade dos portfólios que "refletem tanto o aluno quanto o ambiente e, conseqüentemente, fornecem os elementos para avaliação de ambos".

Avaliação e ética no trabalho com o portfólio

Em toda ação docente estão presentes as dimensões técnica, política, estética e ética, estreitamente relacionadas (Rios 2001, p. 91). Minha intenção é discutir a dimensão ética da avaliação. Contudo, como essas dimensões se entrelaçam e a ética é fundante das demais, apresentarei brevemente o significado de cada uma, para, em seguida, me deter na dimensão ética da avaliação. Nesta primeira parte deste item, vou me valer das contribuições de Rios (2001, p. 91).

Segundo Ferreira (1999), técnica significa "a parte material ou o conjunto de processos de uma arte". Nesse sentido, cabe falar de técnicas cirúrgica, jurídica etc. Significa, também, "maneira, jeito ou habilidade especial de executar ou fazer algo". Nesse sentido, pode-se dizer: "Este aluno tem uma técnica muito sua de estudar". Em outro sentido, técnica quer dizer prática.

A técnica refere-se à maneira de desenvolver uma ação. Rios (2001, p. 94) considera a dimensão técnica como suporte da competência, tendo significado específico no trabalho. Esse significado é empobrecido, afirma a autora, quando a técnica é vista desvinculada de outras dimensões. É assim que se cria a visão tecnicista, diz ela, que supervaloriza a técnica, ignorando sua inserção no contexto social e político e atribuindo-lhe caráter de neutralidade.

Estética vem do grego *aesthesis*, que indica a percepção sensível da realidade. Sensibilidade refere-se a algo além do sensorial, diz respeito à ordenação das sensações, sendo uma apreensão consciente da realidade, ligada estreitamente à intelectualidade. A sensibilidade está relacionada com o potencial criador e com a afetividade das pessoas. A estética é uma dimensão da existência, do agir humano (*idem*, p. 96).

Ao produzir sua vida, a pessoa se afirma como sujeito e produz sua subjetividade. A dimensão estética da prática docente traz luz para a subjetividade do professor, considera a autora. Não se trata de uma sensibilidade e de uma criatividade qualquer, "mas de um movimento na direção da beleza, aqui entendida como algo que se aproxima do que se necessita concretamente para o bem social e coletivo" (Rios 2001, p. 99).

A ação docente envolve técnica e sensibilidade, orientadas por princípios ético-políticos. Rios (p. 100) trata ética e política conjuntamente, embora estabeleça a distinção entre elas. Ao explorar o conceito de ética, Rios a diferencia de moral, que é o conjunto de "normas, regras e leis destinado a orientar a ação e a relação social e revela-se no comportamento prático dos indivíduos" (p. 102). A moral corresponde ao *ethos* e não à ética. *Ethos*, afirma Rios (p. 100), é "morada do homem, espaço construído pela ação humana, que transcende a natureza e transforma o mundo, conferindo-lhe uma significação específica". Assim, *ethos* é o espaço da cultura, do mundo transformado pelos seres humanos. Por meio do *ethos* criam-se valores. Valorizar é relacionar-se com o mundo, dando-lhe significação. A ética não se confunde com o *ethos*, não é normativa; ela é a reflexão crítica sobre o *ethos*.

A política se articula com a moral e a ética. No espaço político transita o poder, definem-se acordos e hierarquias. A finalidade da política é

> (...) dirigir-se em vista do bem comum de todas as atividades humanas no interior da "polis". A política é a arte real, ou arquitetônica, que comanda todas as outras, como o arquiteto comandando os diversos artesãos na construção do edifício. Ora, se o bem supremo é também um bem comum, a política tende a assegurar a todos esse bem comum. Pois o fim da vida política é a consecução de uma vida feliz em acordo com a essência do homem enquanto ser racional e livre. Ademais, a política tem esta função, porque somente na "polis" o homem encontra o caminho de realização de suas possibilidades. A autorrealização do homem encontra seu único caminho na "polis". (Nodari 1997, pp. 406-407, *apud* Rios 2001, p. 106)

Segundo Rios (p. 107), trabalho docente competente é aquele que faz bem. É aquele para o qual o professor mobiliza todas as dimensões de sua ação para proporcionar algo bom para si mesmo, para os alunos e para a sociedade. Ele utiliza todas as possibilidades de que dispõe de maneira crítica, consciente e comprometida com as necessidades do contexto em que atua. Por isso, a autora esclarece que não entende competência como algo abstrato ou um modelo, mas situada no contexto em que vivemos. O ofício de professor se dá em um sistema de educação formal, numa determinada instituição escolar, como parte do coletivo da escola. A docência de melhor qualidade, acrescenta Rios (p. 108), afirma-se na explicitação dessa qualidade – o quê, por quê, para quê, para quem. Essa explicitação se dará em cada dimensão da docência:

- na dimensão técnica, que diz respeito à capacidade de lidar com os conteúdos – conceitos, comportamentos e atitudes – e à habilidade de construí-los e reconstruí-los com os alunos;
- na dimensão estética, que diz respeito à presença da sensibilidade e sua orientação numa perspectiva criadora;
- na dimensão política, que diz respeito à participação na construção coletiva da sociedade e ao exercício de direitos e deveres;
- na dimensão ética, que diz respeito à orientação da ação, fundada no princípio do respeito e da solidariedade, na direção da realização de um bem coletivo. (Rios 2001, p. 108)

A mesma autora chama a dimensão ética de "fundante da competência porque a técnica, a estética e a política ganharão seu significado pleno se, além de se apoiarem em fundamentos próprios de sua natureza, se guiarem por princípios éticos" (p. 108). Assim, para que o professor pratique a avaliação com competência, não basta conhecer bem os conteúdos de sua disciplina, nem os conteúdos e procedimentos de avaliação; é preciso refletir criticamente sobre o valor efetivo da avaliação que adota para a inserção criativa dos sujeitos na sociedade. Não basta criar novos e atraentes procedimentos de avaliação – a criatividade é usada para a construção do bem-estar coletivo; não basta se comprometer politicamente; é preciso analisar a repercussão da avaliação adotada na trajetória escolar e de vida dos alunos. Toda a equipe pedagógica da escola deve pensar continuamente sobre a seguinte questão: quem é beneficiado e quem pode ser prejudicado com a avaliação praticada?

Sendo a ética fundante da competência, avalia-se com ética. Nesse sentido, a avaliação é conduzida tendo como base o respeito ao aluno como pessoa e às produções que ele apresenta. É um ato de solidariedade porque, ao promover a aprendizagem do aluno, a avaliação está promovendo um bem individual e coletivo; tanto o aluno como a sociedade são beneficiados. Alunos educados contribuem para a constituição de sociedade mais humana e justa.

Com base nesses pressupostos, cabe refletir sobre os problemas de caráter ético que ainda estão presentes na avaliação. Formas de serem eliminados devem ser encontradas. Para isso, precisamos identificá-los. Vejamos alguns deles.

Primeiramente, torna-se importante discutir o papel que a avaliação informal tem cumprido, principalmente nos anos iniciais da educação fundamental, quando a professora exerce ação intensiva sobre a criança, pelo fato de com ela interagir diariamente e durante todo o período escolar. Tem sido observado o uso constante de comentários sobre a pessoa do aluno, de forma pública, dentro da sala de aula e em todos os espaços escolares. Muitas situações chegam a constranger os alunos. Ao entrar na sala de aula quando as atividades já tinham se iniciado, e tendo tido autorização da direção, Ana (nome fictício) recebeu como cumprimento da professora da 4ª série da educação fundamental: "Como é que você não dá conta de chegar no horário se Elza [nome fictício], que é sua vizinha, sempre chega na hora certa?". Todos os olhares se voltaram para a menina, que abaixou os olhos e dirigiu-se silenciosamente para sua carteira (Villas Boas 1993). Dentro da sala de aula, toda sorte de comentários – elogios, ameaças, castigos, reprimendas e rótulos impostos aos alunos costumam ser ditos em voz alta. Uma professora de 1ª série do ensino fundamental, ao aproximar-se da carteira de um menino, deu-lhe uma "bronca" por achar que ele estava trabalhando lentamente e acrescentou, voltando-se para toda a turma: "Vocês estão vendo a preguiça que vocês têm?" (Villas Boas 1993). Nessa turma era comum a professora estender a todo o grupo um rótulo imposto a um aluno. Como a palavra "preguiçoso" tivesse sido usada largamente durante todo o ano letivo em que conduzi a investigação, talvez aquelas crianças tenham se convencido de que eram realmente preguiçosas.

Segundo Freire (1998, p. 66), "o professor que ironiza o aluno, que o minimiza, que manda que ele se 'ponha no seu lugar' ao mais tênue sinal de sua rebeldia legítima (...) transgride os princípios fundamentalmente éticos de nossa existência".

O conhecimento profundo que a professora passa a ter da criança e até mesmo de sua família pode influenciar a avaliação do desempenho escolar. A mesma professora da turma da 1ª série disse à pesquisadora que João (nome fictício) era muito "lerdo" e que essa era uma característica de toda a sua família. Acrescentou: "Você acredita que a mãe dele veio à escola falar comigo usando a blusa pelo avesso?" (Villas Boas 1993). As informações sobre a criança e sua família costumam circular pela escola, ser motivo de risos em momentos informais, como o do "cafezinho", e orientar futuras decisões, como a constituição de turmas no início do ano letivo. Alunos que se matriculam em escola frequentada há algum tempo por seus parentes podem adquirir a mesma imagem dos que os antecedem (Villas Boas 1993).

Já foi mencionado o fato de que a avaliação informal dá flexibilidade de julgamento ao professor. A ideia de avaliar o aluno "como um todo" tem sido vista como uma necessidade que pode ser considerada uma faca de dois gumes, porque pode beneficiar ou prejudicar o aluno. O arredondamento de notas, sem critérios explícitos, foi anteriormente apontado como um exemplo do uso que pode ser feito da avaliação informal. Esse não é o exemplo de um dos problemas éticos da avaliação?

Outro aspecto que depõe contra o rigor ético na avaliação diz respeito a avaliar apenas o aluno, que é avaliado somente pelo professor. Se a avaliação existe para apoiar a aprendizagem e esta é conquistada pelo próprio aluno, nada mais natural que ele, juntamente com o professor, avalie seu progresso e participe da tomada de decisão quanto aos novos rumos das atividades. Além disso, admitindo-se que o trabalho pedagógico é desenvolvido por ambos, torna-se necessário que se avaliem, também, a atuação do professor e o desenvolvimento desse trabalho. Isso significa contribuir para a formação de cidadãos conscientes de seus direitos e deveres, assim como para a construção de uma sociedade democrática.

Dois outros aspectos relacionados à ética na avaliação escolar têm sido denunciados por pesquisas: a interação seletiva e a consequente marginalização de alunos no desenvolvimento do trabalho pedagógico. A interação seletiva é entendida por Perrenoud (1986, p. 48) como a "propensão do professor, no seio de um grupo, para estabelecer preferencialmente o diálogo com certos alunos, provavelmente os que são mais gratificantes, porque participam espontaneamente e também porque a sua participação faz progredir o grupo no seu conjunto". Geralmente, os alunos interpelados são os que apresentam "características do bom professor, que se exprimem claramente sem acumular erros, que não diminuem demasiado o ritmo da progressão etc." (*idem, ibidem*). Como consequência, os alunos que menos necessitam da interação são aqueles que mais se beneficiam dela, "reforçados por uma imagem positiva de si próprios e preparados convenientemente para as avaliações que o jogo de perguntas e respostas e uma avaliação intuitiva fazem prever" (*idem, ibidem*). Embora Perrenoud encontre aspectos positivos na interação seletiva, pesquisas têm mostrado que ela pode ser um dos mecanismos de exclusão de alunos do sistema de ensino (Villas Boas 1993).

Outro aspecto inibidor da ética na avaliação é sua possível interferência na trajetória escolar e até de vida do aluno. Uma avaliação descomprometida com a aprendizagem de *cada aluno* pode ter consequências drásticas: a) contribuir para a formação de autoimagem negativa, principalmente por parte de crianças que iniciam o processo de escolarização; b) provocar reprovação e repetência, acarretando mais anos de estudos do que o previsto; c) levar à busca por escola, turno ou curso de segunda categoria; d) obrigar o aluno a se evadir. Tudo isso representa fracasso na vida de uma pessoa e tem preço muito alto.

No caso específico do portfólio, como ele faz parte de um processo que se insere na avaliação formativa e se apóia nos princípios da construção, da reflexão, da criatividade, da parceria, da autoavaliação e da autonomia, a prática da avaliação com ética é imprescindível, por parte de professores e alunos. No portfólio, seus autores escrevem muito, elaboram reflexões, formulam ideias e se expõem muito mais do que em outros procedimentos de avaliação. Isso é um indicador de que o professor deve ler essas produções com muito respeito, o que não retira o rigor e a seriedade da avaliação, pelo contrário, ela se torna mais responsável.

Já vimos que avaliação é aprendizagem. Essa é uma aprendizagem a ser adquirida por professores e alunos. Não nos esqueçamos de que o portfólio é um dos procedimentos do processo de avaliação e que todo esse processo deverá estar impregnado da dimensão ética. Não se pode cair na armadilha de avaliar eticamente o trabalho com o portfólio e avaliar os outros sem os devidos cuidados. Por isso, que fique bem claro que todo o processo tem de ser avaliado de forma ética.

Planejamento do processo avaliativo

Desenvolver a avaliação formativa, com ética, por meio do portfólio, requer planejamento. O ato de planejar não tem sido um hábito, dada a concepção de avaliação tradicional que tem prevalecido: elaboram-se e aplicam-se provas, cujos itens já estão prontos desde anos anteriores. Há professores que mantêm banco de questões, para que escolham as que vão incluir em cada prova. Nesse caso, eles pensam ter seu trabalho facilitado, não levando em conta, em primeiro lugar, a aprendizagem do aluno. Aplicadas as provas, elas são corrigidas e seus resultados são apresentados aos alunos. Há escolas que não devolvem as provas aos alunos, porque usam seus itens em instrumentos aplicados em outros momentos, para outros grupos. Esse procedimento torna a avaliação mecânica e desapropria o aluno do seu trabalho. O que ele faz é para o professor e não para ele. Em algumas situações, são oferecidas ao aluno chances de aprender o que ele demonstrou, nas provas, ainda não ter aprendido. Também nesse caso o planejamento não costuma ser feito, porque os procedimentos geralmente estão prontos e servem para qualquer situação. Não se levam em conta os diferentes contextos escolares e sociais nem a formação do aluno para sua inserção social crítica. Isso revela que avaliar significa aplicar provas, como constatei em uma pesquisa realizada em turmas de 1ª a 4ª série da educação fundamental de uma escola de Brasília (Villas Boas 1993). Como avaliação é aprendizagem, para alunos e professores, essa prática vem se perpetuando há um bom tempo.

Planejar a avaliação significa pensar sobre algumas questões. Inicia-se perguntando: por que estou avaliando? Uma das respostas pode ser: porque a avaliação me auxilia a compreender o processo de aprendizagem dos alunos. Outra pode ser: porque é uma exigência da escola onde trabalho. A decisão por uma das respostas revela o entendimento do professor sobre a avaliação. Ao dizer que a avaliação auxilia a compreender o processo de aprendizagem dos alunos, o professor demonstra entender que a avaliação tem o compromisso de contribuir para sua aprendizagem. Outra questão obrigatoriamente presente no planejamento da avaliação é: para que eu avalio? Uma das respostas pode ser: para conhecer o que cada um dos meus alunos já aprendeu, e assim poder reorganizar as atividades, e para que ele aprenda o que ainda não aprendeu. Mas alguém poderá afirmar: para dar nota e saber se ele pode ser aprovado. A opção por uma dessas respostas também demonstra o entendimento do professor sobre avaliação. O professor que afirma avaliar para conhecer o que cada um dos seus alunos já aprendeu, e assim reorganizar as atividades para que eles possam aprender o que ainda não aprenderam entende que a avaliação tem compromisso com a aprendizagem. Além de se perguntar por que e para que avalia – que são as questões que dão início ao processo de planejamento –, o professor formula outras questões, que decorrem das duas primeiras: como avalio? Quem é avaliado? Quem avalia? Para que servem os resultados da avaliação?

Como a avaliação está presente durante o trabalho com os alunos, seu planejamento é um processo contínuo. Além disso, ele certamente será mais rico se envolver os alunos. Participar do processo da avaliação de sua aprendizagem constitui uma aprendizagem relevante para as crianças, porque elas estão desenvolvendo relações sociais. Essas relações podem contribuir para a formação da cidadania crítica ou não. A avaliação pode ser uma forte aliada dessa formação. A participação do aluno no processo de planejamento da avaliação é muito simples no princípio e, gradativamente, vai se aprimorando. Conversas informais podem auxiliar nesse processo. Respostas das crianças a perguntas do professor também podem trazer contribuições que ajudam na reorganização das atividades. Com base nos comentários das crianças, o plano de avaliação pode ser construído. Isso mesmo: agora estou falando em "plano" de avaliação, que resulta do processo; este é permanente e envolve não só professores, mas os outros profissionais da educação que trabalham na escola, os alunos e os pais. De posse das informações coletadas, o professor elabora o plano, que é uma atividade quase inteiramente sua em termos de sistematização de ideias.

Todas as atividades são avaliadas pelo professor e pelas crianças, como, por exemplo, um passeio ao zoológico, a realização de uma feira de ciências, o desenvolvimento de um projeto de trabalho, a produção de um texto e de um jornal, trabalhos em equipe e muitas outras. Certamente as crianças terão muitas ideias e gostarão de participar desse processo. Além das vantagens para a avaliação, esse envolvimento dos alunos traz outras contribuições: desenvolvem-se trabalho em equipe e a criticidade; aumenta-se a autoestima dos alunos etc. Esse processo exige planejamento. O professor incentiva a participação dos alunos, sem esquecer a parte que lhe compete. Ele é autoridade, como nos ensinam Freire e Shor (1986, p. 115), sem precisar empregar autoritarismo.

Faz parte do planejamento da avaliação selecionar os procedimentos mais apropriados a cada turma ou grupo de alunos. Um dos procedimentos mais conhecidos e usados é a prova escrita. Seu uso deve ser planejado: a que objetivos ela serve? Que capacidades irá avaliar? Quando será aplicada? O que será feito com seus resultados? Como seus resultados serão vinculados a outros obtidos de outras formas?

Outros procedimentos, além da prova, estão ao alcance do professor constantemente e podem ser mais valorizados. Um deles é o portfólio, tema central deste livro. Falarei sobre o planejamento do seu uso mais à frente. Outro é a entrevista. Talvez o pouco uso que se faz dela decorra da má utilização de provas orais há algumas décadas. Essas provas eram o terror dos alunos, porque costumavam ser feitas somente ao final do ano letivo, por meio de sorteio de questões. Se o aluno tivesse a sorte de "cair" para ele uma questão que soubesse responder, ele se sairia bem; do contrário, seria reprovado. Esse tipo de prova foi sumariamente eliminado na década de 1950, tendo permanecido somente a prova escrita.

Dar chance ao aluno de falar, de desenvolver argumentação oral e de posicionar-se sobre vários temas enriquece seu processo de aprendizagem. A adoção da entrevista como procedimento de avaliação requer a existência de relacionamento amigável entre professor e aluno, para que este se sinta à vontade e não a perceba com temor. A palavra "entrevista" nem precisa ser empregada; o termo coloquial "conversa informal" talvez seja o mais apropriado, inicialmente. O professor pode fazer perguntas ou simplesmente ouvir o aluno. No caso de ele fazer perguntas, estas devem ser claras e compreensíveis. É preciso que o professor seja capaz de ouvir o aluno, respeitosamente, dando-lhe o tempo necessário para se expressar. Outra recomendação é o professor não indicar, com gestos e olhares, possíveis desagrados e discordâncias. O uso frequente da entrevista possibilita saber não só o que o aluno aprendeu e o que ainda não aprendeu, mas também conhecê-lo como pessoa: suas necessidades, possibilidades e crenças, assim como seus interesses e valores.

Para não sobrecarregar o professor, a entrevista abrange aspectos do trabalho não identificáveis por outros procedimentos; ela complementa informações. Uma das dificuldades apontadas para seu uso constante costuma relacionar-se ao tempo necessário para entrevistar cada aluno. Contudo, pode-se adotar como rotina de trabalho entrevistar alguns alunos a cada dia, começando por aqueles que evidenciam necessidades.

O uso sistemático da entrevista fará parte da rotina de trabalho e, em algumas situações, ela poderá ocorrer durante a realização de atividades em classe, com o próprio aluno dando início a ela, quando ele faz uma pergunta ou um comentário. O professor aproveita a situação e conduz a conversação.

Para ser bem utilizada, a entrevista é planejada, isto é, definem-se seus propósitos, quem será entrevistado, o momento de sua realização e como será feita a anotação das informações coletadas. Inicialmente, para que não cause temor nos alunos, ela pode ser conduzida por meio de conversa informal. Com o passar do tempo, os alunos acostumar-se-ão à ideia de que ela é um procedimento valioso de avaliação oral. Hoje há necessidade de os alunos aprenderem, desde cedo, a se apresentarem para desenvolver argumentação oral, a responder a questões e a ter postura adequada para isso. Em muitas situações de seleção para cursos e empregos, esse procedimento vem tendo destaque; porém, o que se observa é que a escola tem privilegiado a prova escrita, não oferecendo oportunidade para o desenvolvimento da argumentação oral.

A entrevista pode ser desenvolvida tendo como sujeitos: a) somente um professor entrevistando um aluno; b) um grupo pequeno de alunos assistindo à entrevista de um colega por um professor e, posteriormente, fazendo seus comentários (esse pode ser o início da avaliação de um aluno por colegas); c) um grupo de professores entrevistando um aluno; d) um grupo de professores entrevistando um grupo de alunos. Certamente outras combinações podem ser feitas. O importante é que esse procedimento de avaliação não seja entendido como mais um para classificar e aprovar ou reprovar, mas atue como um aliado da avaliação formativa. Cabe lembrar: a avaliação formativa articula-se ao trabalho pedagógico interessado na aprendizagem e no sucesso de todos os alunos.

Outra técnica que integra o processo avaliativo é a observação, muito útil em todas as situações de aprendizagem e particularmente importante e de fácil utilização na educação infantil e nos anos iniciais da educação fundamental, níveis em que os professores permanecem todo o período diário de aulas com os alunos e estão sempre interagindo com eles. Contudo, insisto: em todos os níveis e em todos os componentes curriculares a observação e a entrevista são igualmente úteis, porque aproximam professores e alunos, em situações variadas.

A observação permite investigar as características individuais e grupais dos alunos, para a identificação de suas potencialidades e fragilidades, assim como dos aspectos facilitadores e dificultadores do trabalho. É importante conhecer como os alunos aprendem, como se relacionam, como percebem a escola e a atuação do professor, suas preferências (na escola, na família e em outros espaços).

Para o planejamento da observação, Stierer *et al.* (1993, p. 24) sugerem os passos que apresento a seguir.

a) Organização da sala de aula

Para que o professor tenha condições de observar seus alunos e fazer os registros, é necessário que eles possam trabalhar com independência. Dessa forma, o professor pode usar seu tempo em interação avaliativa com os alunos e não apenas lhes fazendo simples perguntas.

Quando observar? A decisão quanto ao momento de fazer observações faz parte do processo de planejamento. As questões seguintes podem ajudar nessa escolha.

Que momentos do tempo escolar podem ser dedicados a observações? O professor pode observar enquanto trabalha e interage com grupos de alunos, pois a observação não precisa ser silenciosa, podendo envolver conversa com os alunos sobre o que estão fazendo ou pensando. Podem ser identificados, para observação, dois alunos do grupo com o qual o professor está trabalhando. O registro pode ser feito durante ou imediatamente após a observação.

Outros profissionais que atuam na escola/curso poderão ajudar o professor? Se o professor tiver a sorte de ter alguém disponível para ajudá-lo em seu trabalho com a turma, pode aproveitar esses momentos para realizar as observações.

b) Estabelecimento do alvo das observações

As observações podem ser feitas de duas maneiras: 1) por meio das anotações feitas pelo professor de fatos interessantes e significativos assim que eles acontecem. Essas observações incidentais costumam ser muito valiosas; 2) planejadamente, por meio da identificação de determinado aluno, de determinada disciplina, de determinado conteúdo, tema, atividade ou momento do dia. Essa segunda forma é denominada de "observação-alvo"; sua vantagem é permitir ao professor sistematizar as observações de todos os alunos e coletar informações que respondem a questões sobre a maneira pela qual eles estão usando os recursos de aprendizagem.

Estabelecer objetivos alcançáveis e realísticos é uma maneira importante de iniciar e manter as observações. Se as observações acontecerem ao acaso ou quando houver tempo, outras coisas ocuparão o tempo do professor. Por outro lado, o uso excessivo da observação, deixando em segundo plano outras atividades do trabalho pedagógico, pode conduzir ao sentimento de perda de controle da situação, o que poderá ter, como consequência, a desistência de seu uso. Estabelecer o alvo e os objetivos juntamente com colegas enriquece o processo.

Quantos alunos observar? Pode ser feita a seleção de um aluno por dia/sessão, ou a seleção de um grupo de alunos por semana ou por um período.

Quem observar? Podem-se selecionar alunos que sejam novatos na escola/turma/grupo, que estejam causando preocupação ou que precisem ser mudados de turma etc.; escolher dentre aqueles que pertencem ao grupo que será observado primeiramente; ou simplesmente seguir a relação dos alunos matriculados. De qualquer forma, é preciso destinar tempo para a observação de todos os alunos.

Onde observar? A observação pode ser feita em uma área da sala de aula, ou fora da sala de aula convencional, em outros espaços da escola, se houver objetivo particular.

O que observar? Uma área específica de trabalho, dentro ou fora da sala de aula convencional, ou atividades em desenvolvimento.

Quando observar? Em um horário do dia a esse fim destinado.

Por quanto tempo observar? Uma observação planejada para cinco minutos pode ser frutífera, mas a duração depende dos objetivos e da atividade. Curtas observações podem ser igualmente reveladoras, caso seja possível contextualizá-las. Se um aluno estiver trabalhando próximo do professor durante cerca de 20 minutos, esse período pode ser aproveitado para registrar os fatos observados. É importante discutir o trabalho de observação e de registro com colegas, para troca de ideias.

c) Organização dos registros de observação

Também faz parte do planejamento da observação decidir sobre como serão feitos os seus registros. Não se pode confiar na memória. Os registros podem ser feitos em um caderno próprio, tendo uma folha dedicada ao registro da observação de cada aluno, ou em ficha, uma para cada aluno. O importante é escrever o que é visto e ouvido, o que chama mais a atenção, a maneira como acontece, sem explicações nem adjetivos. A interpretação virá depois de um volume satisfatório de informações. Anotam-se os dados importantes o mais rapidamente possível. As crianças se acostumarão com essa prática. Se elas perguntarem o que o professor tanto escreve, com naturalidade ele poderá responder: "Anoto tudo o que vocês estão aprendendo". Avaliação e confiança entre professor e alunos andam juntas. Observam-se e avaliam-se todas as atividades, desenvolvidas por meio de todas as linguagens, e não apenas aquelas que usam a linguagem escrita. Valorizam-se todas as formas de expressão. Realmente é importante saber escrever bem, mas é igualmente necessário saber comunicar-se oralmente.

Se for usado um caderno para registro das observações, suas folhas devem ser soltas, para que possam ser retiradas ou acrescentadas.

Como organizar as folhas de registro? O uso da folha será facilitado se houver uma para cada aluno, constando seu nome no início. Ao final do caderno, algumas folhas permanecerão sem nome, à espera dos que chegam transferidos. O caderno poderá ter espaços para grupos de alunos segundo suas necessidades, como os que se matricularam mais recentemente ou os que poderão ir para outra turma/grupo. As folhas de registro de observação dos alunos que serão observados em um determinado dia ou durante a semana poderão ser separadas. Uma folha pode ser acrescentada para revisão (este tema será tratado mais adiante).

Onde manter o caderno de registro? Sempre à mão, para facilitar seu uso. Tê-lo sempre sobre a mesa de trabalho é uma boa ideia.

Que quantidade de anotações deve ser feita? Não é a quantidade o que importa, mas o que será útil posteriormente. A prática ensinará a identificar os comportamentos, as frases ou os fatos mais relevantes e a desprezar os detalhes sem muita importância. O tempo ensinará a escrever o que seja mais significativo.

O que anotar? Toda observação deve ser contextualizada, o que indica a necessidade de colocar a data, o horário e a situação em que algo aconteceu. Tanto podem ser usados trechos de conversação que ajudem a lembrar da cena ocorrida como palavras-chave.

Como anotar? Anota-se o que foi visto ou ouvido, sem interpretações ou julgamentos. O objetivo do caderno de observação é a construção de um retrato do aluno. Somente depois que houver um certo número de fatos/passagens/ocorrências será possível começar a formar julgamentos.

Quando anotar? Há duas maneiras de observar: 1) planejando o momento de observar um aluno especificamente; 2) registrando fatos espontaneamente, quando algo interessante acontece. Naturalmente essas duas formas se superpõem, o que exige que se planeje o trabalho e que ele seja sistemático. Contudo, observações não planejadas podem ser valiosas; é melhor ter vários registros curtos, desse tipo, do que registros muito longos e infrequentes.

Como usar as folhas de observação? Elas podem estar em branco ou apresentar as categorias a serem observadas, como, por exemplo: interação, atitudes, habilidades, resolução de problemas, comunicação, interpretação, aproveitamento do tempo etc. Se a opção for pelo uso de categorias, as folhas deverão conter espaço destinado a cada uma. Caso contrário, as folhas estarão em branco e as anotações serão feitas livremente.

Comentários sobre necessidades individuais – O último item da folha de observação tem função diferente dos demais. Enquanto as categorias de observação descrevem o que foi observado, o último espaço da folha de observação é destinado a anotações sobre o significado do que foi observado e ao registro das preocupações e ações a serem desenvolvidas. Esses comentários referem-se às necessidades individuais dos alunos. Por exemplo: "Isto tem acontecido sempre que ele chega atrasado. Conversar com ele para conhecer a razão dos constantes atrasos".

O que fazer com as folhas de observação já completas? Podem ser guardadas no caderno de observação, enquanto o aluno frequentar a escola/ curso, ou em pasta a ele destinada.

d) O uso dos registros de observação

Assim que as observações se acumulam, é necessário analisar seus registros, de várias formas.

O que analisar? Todos os alunos foram observados? Estão as observações restritas a determinados alunos, áreas curriculares ou categorias? As informações coletadas estão contribuindo para o desenvolvimento do trabalho ou há necessidade de replanejamento das observações?

Quando analisar? Quando houver uma quantidade de dados que justifique a análise; quando uma decisão precisar ser tomada; quando os dados já puderem ser articulados a outros coletados por outros meios.

Como analisar? Um quadro-resumo, onde se registrem os nomes dos alunos e as categorias observadas, pode ser útil.

Por que analisar? As apreciações regulares ajudam: a identificar necessidades de futuras observações; a planejar o trabalho que permita observar os alunos investigando ou estabelecendo hipóteses, por exemplo; a replanejar as atividades de modo que atendam às necessidades detectadas; a ter informações mais completas sobre cada aluno, de forma contextualizada.

A avaliação formativa usa todas as informações disponíveis sobre o aluno. A interação entre professor e aluno durante todo um período ou curso é um processo muito rico, oferecendo oportunidade para que se obtenham vários dados. Cabe ao professor estar atento e saber identificá-los, anotá-los e usá-los em benefício do aluno e do trabalho pedagógico. A utilização exclusiva de provas escritas para decidir a trajetória de estudos do aluno deixa de considerar os diferentes estilos e manifestações de aprendizagem.

Como um dos procedimentos que compõem o processo de avaliação, o uso do portfólio também é planejado. Alguns argumentos reforçam a necessidade desse planejamento:

- trata-se de um procedimento de uso recente; poucos professores e escolas o conhecem ou já o desenvolveram;
- pelo fato de o portfólio quase não ser conhecido por pais e alunos, a tendência é a manutenção da crença de que a prova é o procedimento mais sério;
- pelo portfólio basear-se nos princípios já apresentados, a preparação dos alunos e de seus pais para sua implantação é fundamental. Esse é um aspecto muito importante do planejamento, que exigirá tempo e paciência;
- a literatura sobre o tema ainda é incipiente. As escolas terão de buscar informações confiáveis, em várias fontes. O trabalho conjunto com universidades para troca de ideias e realização de pesquisas poderá trazer bons frutos para ambos os lados;
- como uma primeira impressão, professores e alunos poderão sentir sobrecarga de trabalho. A introdução do portfólio como procedimento de avaliação não pode significar terrorismo pedagógico. Isso não traz benefício a ninguém. O trabalho pode ser facilitado se for bem compreendido e planejado. Propósitos explícitos evitam que ele seja percebido como sobrecarga. Cabe à escola criar clima de trabalho favorável;
- a decisão de usar o portfólio deve partir da escola. O planejamento do trabalho deve ser de sua responsabilidade. Os órgãos gestores deverão fornecer a ajuda solicitada por ela;
- como os alunos geralmente estão acostumados a receber tudo pronto e a simplesmente cumprir ordens, o trabalho com o portfólio será planejado para se iniciar aos poucos, assegurando-lhes segurança para prosseguir.

Planejam-se a implantação do portfólio, a continuidade de seu uso – em termos de sua articulação com o trabalho pedagógico e de sua participação no processo avaliativo – e a utilização que dele será feita como uma produção do aluno.

Vejamos cada um desses aspectos do planejamento. Com relação à sua implantação, consideram-se: a justificativa e os objetivos para sua adoção; quem o implantará – toda a escola ou parte dela; a preparação dos professores e demais profissionais da educação; a preparação dos alunos e dos pais; como será sua construção.

Passado o momento da implantação, que teve o suporte adequado do planejamento, surge a necessidade de planejar a continuidade do uso do portfólio. Agora é hora de pensar sobre as seguintes questões: o que está sendo realizado corresponde aos objetivos propostos? Quais objetivos ainda não estão alcançados? Por quê? Como o portfólio está se articulando ao trabalho pedagógico? Que aspectos têm contribuído para isso e quais estão deixando de contribuir? Qual tem sido a repercussão do portfólio no trabalho pedagógico? Quais alunos estão se beneficiando desse tipo de procedimento de avaliação? Quais ainda não estão se beneficiando? Por quê? O que pensam os alunos e os pais sobre o portfólio? Como articular a avaliação por meio de portfólio aos outros procedimentos de avaliação?

O terceiro momento do planejamento refere-se à utilização a ser feita do portfólio como produção do aluno. Cabe investigar o que essa produção está representando para o aluno e para seus pais e quais são as aprendizagens mais evidenciadas por cada aluno.

O aspecto mais importante do planejamento do trabalho com o portfólio é o envolvimento do aluno. Por ser um aspecto pouco explorado até agora, é importante que ele mereça destaque no planejamento, para que professores, alunos e pais se sintam seguros com sua presença.

Trabalhar com o portfólio implica saber assumir riscos

As vantagens e as possibilidades do trabalho com o portfólio foram largamente apresentadas. Discutiram-se, também, as dificuldades existentes. Mas precisamos entender que esse tipo de trabalho requer uma certa dose de ousadia e a clareza dos riscos que podemos enfrentar. Vejamos alguns desses riscos.

O primeiro deles é o de o portfólio reduzir-se a uma pasta em que se arquivam textos e se fazem registros das aulas. Se isso acontecer, ele não assumirá o feitio de um procedimento de avaliação. Essa pasta poderá até cumprir a função de organizar o material de aula e servir a outros propósitos, como, por exemplo, de fonte de consulta futura. Contudo, não se pode chamar isso de portfólio.

O portfólio pode ser considerado mais um dos modismos em educação. Consequentemente, seu uso pode ser corrompido. Isso poderá ocorrer se: a) quem for adotá-lo não se apoiar em fundamentação teórica sólida sobre avaliação e trabalho pedagógico; b) toda a escola não se preparar para sua implantação e implementação, mesmo que somente uma parte dos professores vá utilizá-lo; c) os pais não forem preparados para compreender o processo, aceitá-lo e fazer a parte que lhes cabe.

Pode acontecer de o portfólio ser entendido como um simples "instrumento" e não como um "procedimento" de avaliação. Segundo Ferreira (1999), instrumento diz respeito a "objeto, em geral mais simples do que o aparelho, e que serve de agente mecânico na execução de qualquer trabalho" e a "qualquer objeto considerado em sua função ou utilidade". Procedimento diz respeito a "processo, método". Portanto, procedimento é mais amplo do que instrumento. Este é parte do processo.

Ainda outro risco é o de professores e alunos oferecerem resistência inicial por entenderem que terão muito mais trabalho do que antes. Na verdade, pode até parecer que todos trabalharão mais porque, pelo método tradicional de avaliação, os procedimentos usados pelo professor nem sempre requerem muita formulação de sua parte (costumam ser repetitivos). Por parte dos alunos, eles até preferem fazer apenas provas, porque são episódicas e exigem pouca formulação de ideias.

É normal que esses perigos ameacem o uso adequado do portfólio. Sabendo disso, cabe-nos encontrar meios de preveni-los. No caso de cursos de formação de professores, a situação é mais cômoda porque podemos discuti-los com os alunos, futuros profissionais da educação. Eles poderão participar do combate a esses perigos.

3
SITUANDO O PORTFÓLIO EM CURSOS DE FORMAÇÃO DE PROFESSORES E DE DEMAIS PROFISSIONAIS DA EDUCAÇÃO

> *Terminados, os portfólios constituem peças únicas, cuja singularidade se traduz no caráter particular das vivências nele descritas e reflectidas, no quadro de referências pessoais que balizam tal reflexão, no leque de interpretações que, conjuntamente, supervisor e supervisado souberam tecer no estilo pessoal que, a cada qual, permitiu crescer, para que, naturalmente, pudessem vir a afastar-se.*
>
> Sá-Chaves 1998, p. 141.

Nesta parte, analisam-se as possibilidades de uso do portfólio não apenas em cursos de formação de professores, mas também de formação dos profissionais da educação que atuam em escolas, porque os alunos são avaliados em todos os espaços e tempos escolares e não apenas em sala de aula por seus professores. Além disso, a avaliação faz parte do trabalho pedagógico de toda a escola e do trabalho realizado diretamente com os alunos. Infelizmente, ainda é incipiente o reconhecimento da importância da avaliação no trabalho da escola. Por isso, os cursos de formação de profissionais da educação, em níveis médio e superior, nem sempre lhe dão a devida atenção.

Com frequência, sou convidada a proferir palestras em escolas sobre esse tema. Em todas as ocasiões, o pedido é para que eu fale sobre "como avaliar". De modo geral, supõe-se que as dificuldades para avaliar se resolvem mudando a forma de fazê-lo. Nesses encontros, as dúvidas levantadas quase sempre se dirigem à maneira de elaborar questões de prova. Esta costuma ser acompanhada de certos adjetivos, como, por exemplo, prova "interdisciplinar". Pergunto: o trabalho é desenvolvido de forma interdisciplinar? Se não é, por que esse apelido para a prova? Resultará em quê?

Coordenei uma equipe que realizou, de 1998 a 2000, uma pesquisa sobre "A avaliação nos cursos de formação de profissionais da educação no Distrito Federal: Confronto entre a teoria e a prática".[1] Analisaram-se os planos de ensino das disciplinas que incluíam conteúdos de avaliação escolar, coletaram-se as percepções de professores das disciplinas que incluíam conteúdos de avaliação escolar acerca da sistemática de avaliação adotada em sala de aula (concepção, funções, finalidades, critérios, procedimentos), e identificou-se e analisou-se a preparação, com relação à avaliação escolar, dos professores das disciplinas que tratavam do tema, nos cursos estudados (Villas Boas 2000).

Identificaram-se no Distrito Federal, em 1998, 17 escolas de nível médio, das quais sete pertenciam à Secretaria de Estado de Educação. Participaram da pesquisa 11 delas, sendo seis públicas e cinco privadas. Taguatinga e Plano Piloto foram os locais que apresentaram o maior número de escolas pesquisadas, três escolas em cada uma delas, vindo, em seguida, Sobradinho, com duas escolas.

Identificaram-se no Distrito Federal, em 1998, seis instituições de nível superior que ofereciam cursos na área de educação. Participaram da pesquisa as seguintes instituições: Centro Universitário de Brasília

---

1. Equipe de pesquisa: Benigna Maria de Freitas Villas Boas (coordenadora); Ana Regina Melo Salviano; Lúcia Maria da Cruz Suzart; Luzia Costa de Sousa; Margarida Jardim Cavalcante; Mirian Silva Gomes.

(Uniceub); Associação de Ensino Unificado de Brasília (AEU-DF); Universidade de Brasília (UnB); Universidade Católica de Brasília (UCB); Faculdade de Artes Dulcina de Moraes (FADM); Faculdades Integradas do Planalto Central (Fiplac).

Participaram da pesquisa professores do curso de Magistério, dos quais: 41 responderam ao questionário, 17 apresentaram seus planos de ensino e 46 foram entrevistados. Participaram da pesquisa professores de cursos de nível superior, dos quais: 16 responderam ao questionário, 9 apresentaram seus planos de trabalho e 14 foram entrevistados. O critério de seleção desses professores foi o de estarem ministrando disciplinas que tratassem da avaliação. Em alguns casos, houve a participação de diretores, vice-diretores e coordenadores pedagógicos, por iniciativa deles próprios.

Os principais achados da pesquisa que envolveu professores do curso de Magistério, em nível médio, são os seguintes:

1. Os participantes da investigação apontaram como necessidade urgente a preparação adequada dos professores do curso de Magistério para a prática da avaliação. Uma professora, em entrevista, afirmou: "A avaliação é um caos". Esse é o sentimento de uma formadora de professores para a educação infantil e fundamental, níveis responsáveis pelo início da educação formal. As práticas aí vivenciadas podem ser incorporadas definitivamente. Encontraram-se informações padronizadas e, às vezes, vagas, parecendo revelar que as práticas avaliativas se vinculam ao trabalho pedagógico nos moldes tradicionais, em que o professor tudo determina e o aluno apenas cumpre ordens. Quando perguntados sobre os procedimentos de avaliação utilizados, os professores, de modo geral, tiveram dificuldade em especificá-los; dentre os indicados, prevaleceu a prova. Embora algumas falas apontassem a existência de autoavaliação pelo aluno e de avaliação da atuação do professor, percebeu-se que as práticas avaliativas ainda se inserem nos princípios da pedagogia tradicional. Em se tratando de curso de formação de professores, essa situação é preocupante. A avaliação do trabalho pedagógico da escola e da "sala de aula" pelos alunos e professores não foi apontada por

nenhum dos entrevistados. Os dados coletados indicam que o alvo da avaliação é quase exclusivamente o aluno. Não foi feita menção ao projeto pedagógico escolar, o que parece revelar uma visão limitada das funções da avaliação. Embora uma professora tivesse dito que a avaliação é a "dimensão maior da escola", não se apontaram práticas avaliativas do trabalho pedagógico da escola. Encontrou-se como ponto positivo o reconhecimento pelos próprios professores de suas dificuldades e a necessidade de se prepararem para praticar adequadamente a avaliação.

2. Ao serem indagados sobre como conciliam os conteúdos de avaliação estudados e a sistemática de avaliação a que é submetido o futuro profissional da educação, nem todos os entrevistados revelaram estar atentos ao fato de que se enfrenta um duplo desafio, porque o futuro professor, ao mesmo tempo em que é aluno, está aprendendo a praticar a avaliação. Assim, a preparação do aluno para a reprodução da organização do trabalho pedagógico ainda parecia existir.

3. Os dados parecem apontar para a predominância da "pedagogia do exame", expressão usada por Luckesi (1995, p. 17) ao comentar que: "os alunos têm sua atenção centrada na promoção"; "os professores utilizam as provas como instrumentos de ameaça e tortura prévia dos alunos, protestando ser um elemento motivador da aprendizagem"; "os pais das crianças e dos jovens, em geral, estão na expectativa das notas dos seus filhos"; "por meio de sua administração, o estabelecimento de ensino deseja verificar no todo das notas como estão os alunos". O sistema de ensino preocupa-se com os resultados gerais: "as notas, os quadros gerais de notas, as curvas estatísticas". Em síntese, diz ele, "se os alunos estão indo bem nas provas e obtêm boas notas, o mais vai...". Luckesi (*idem*, p. 21) ainda afirma que "os professores elaboram suas provas para 'provar' os alunos e não para auxiliá-los na sua aprendizagem" e fazem "promessas de 'pontos a mais' ou 'pontos a menos' em função de atividades escolares regulares ou extras, que não estão essencialmente ligadas a determinado conteúdo".

4. Observou-se o emprego de alguns conceitos de forma imprecisa, como, por exemplo: avaliação como trabalho "no coletivo"; "participação" do aluno; avaliação da "parte formativa x avaliação dos aspectos cognitivos".

5. Os professores indicaram a necessidade de as bibliotecas das escolas que ofereciam o curso de Magistério contarem com livros atualizados sobre avaliação escolar. Periódicos e dissertações/ teses e relatórios de pesquisa não foram mencionados. É bom lembrar que um número razoável de professores da Secretaria de Estado de Educação do Distrito Federal já concluiu o curso de mestrado em Educação e escreveu dissertação sobre avaliação. Esses trabalhos não ficavam à disposição dos professores, quando se realizou a pesquisa. São produções importantes porque utilizam bibliografia atualizada e foram elaborados com base em pesquisa de campo.

Os dados coletados nos cursos de nível superior são os que se seguem:

1. Os professores que lecionavam as disciplinas "didática" e "avaliação da aprendizagem" tinham, em sua maioria, o curso de Magistério, em nível médio, e o curso de Pedagogia. Eram profissionais que vinham se dedicando à educação. A maioria tinha curso de especialização e grande parte tinha curso de mestrado. Uma professora tinha curso de doutorado. Esses professores já haviam participado de congressos/seminários/encontros.

2. Os professores pareciam estar atualizados em relação aos conteúdos com que trabalhavam, tendo em vista os eventos de que já haviam participado e a bibliografia citada.

3. Não foram destacadas, como material de estudo para os professores e seus alunos, pesquisas sobre avaliação, com exceção do conteúdo de trabalho da disciplina "avaliação da aprendi-zagem", oferecida por uma das instituições.

4. Quase todos os professores afirmaram sentir-se preparados para desenvolver a avaliação.

5. Um ponto que pode ser considerado positivo é o fato de alguns professores terem afirmado não perceber a necessidade de a avaliação constituir uma disciplina isolada; eles entendiam que ela poderia articular-se à organização e ao desenvolvimento do trabalho pedagógico. Isso requer formulação de proposta de trabalho que permita essa maneira de trabalhar, incluindo a seleção de bibliografia adequada e de tempo suficiente para o desenvolvimento de todo o trabalho.

6. Embora alguns professores concebessem a avaliação simplesmente como meio de analisar o alcance de objetivos previamente estabelecidos, outros associavam-na a competências e habilidades, a processo contínuo e dialógico de investigação e de análise do desempenho do aluno, do desenvolvimento do trabalho pedagógico da turma, do curso e da atuação do professor. Muitos a viam como processo mais amplo e de reflexão, realizado em parceria professor/aluno.

7. Apesar de terem sido encontrados os dados mencionados, no item critérios, os entrevistados se manifestaram de forma lacônica. A participação foi indicada como critério de avaliação, mas não se pôde constatar se ela estava presente na organização e no desenvolvimento do trabalho pedagógico.

8. Ao serem indagados sobre como conciliavam os conteúdos de avaliação estudados e a sistemática de avaliação a que era submetido o futuro profissional da educação, os professores ofereceram respostas curtas, não demonstrando estar atentos para o fato de que se enfrenta um duplo desafio, tema já tratado anteriormente. O princípio da coerência foi o mais enfatizado. A professora que adotava o portfólio justificou seu uso com o argumento de ele ser um procedimento que permite a construção do conhecimento pelo aluno, ao mesmo tempo em que este pratica o que poderá executar com seus futuros estudantes.

A equipe de pesquisa promoveu o confronto dos dados obtidos com professores do curso de Magistério e professores de cursos universitários para chegar às seguintes articulações:

1. Tanto no curso de Magistério, em nível médio, quanto nos cursos universitários, o tema avaliação costuma ser incluído na disciplina "didática geral", como último item do programa. Como se sabe, geralmente, o último item nem sempre chega a ser desenvolvido, e quando o é, o tempo a ele destinado é muito curto. Assim costuma ser tratada a avaliação: quase nunca sobra tempo para analisá-la em profundidade. Uma professora de química, que não fazia parte da pesquisa, mas que se interessou pelo tema, disse-me que, em seu curso de licenciatura, não chegou a estudar nada sobre avaliação porque "não deu tempo".

2. Os professores participantes da pesquisa manifestaram estar vivendo momentos de angústia com relação à avaliação. Criticaram a avaliação tradicional, mas ainda não conseguiam substituí-la por outra. As falas de professores do curso de Magistério revelaram seu interesse pelo desenvolvimento da avaliação formativa, embora esse conceito ainda não estivesse formulado adequadamente. "Avalia-se tanto a parte de conhecimento como a formativa", explicou uma professora. "Formativo é: interesse, participação, assiduidade, pontualidade", afirmou outra. "Avaliamos 20% do formativo e 80% do cognitivo", salientou outra. Como se percebe, o conceito de avaliação formativa ainda precisa ser construído.

3. Os achados parecem indicar que os professores participantes da pesquisa que atuavam em cursos de nível superior se sentiam mais bem preparados para desenvolver a avaliação do que seus colegas do curso de Magistério. Estes últimos tiveram a atitude corajosa de manifestar suas dificuldades e seu desejo de que a universidade promova cursos/seminários/oficinas sobre avaliação. Embora os primeiros tenham oferecido menos informações, seus depoimentos parecem demonstrar mais segurança. Poucas foram as dificuldades apontadas. Contudo, percebeu-se que as atividades de avaliação restringiam-se à "sala de aula". Não foi mencionada a realização de pesquisas em escolas, por exemplo, como um meio de colocar o futuro profissional em contato com a realidade, com exceção de uma disciplina. Essas reflexões conduzem à seguinte

indagação: se os professores das disciplinas que tratavam da avaliação, em nível superior, estavam seguros quanto à maneira de trabalhar o tema e de avaliar seus alunos, por que os professores do curso de Magistério, formados em nível superior, revelaram encontrar tantas dificuldades? Esse dado merece ser investigado em profundidade.

4. Percebeu-se a necessidade de formação de professores comprometidos com a avaliação formativa. A formação do cidadão crítico, reflexivo, independente e, ao mesmo tempo, capaz de atuar em grupo, criativo, comunicativo e em condições de adaptar-se a novas situações requer escola e profissionais da educação com as mesmas características.

5. As informações obtidas sugerem: a) que as disciplinas que tratam da avaliação escolar precisam incluir estudos e análises de dissertações/teses/relatórios de pesquisa; b) que o tema "avaliação" receba atenção especial nos cursos que formam profissionais da educação, levando em conta os seguintes aspectos: desenvolvimento do trabalho pedagógico por professores qualificados (principalmente pedagogos em processo de permanente atualização); tempo adequadamente dimensionado para a realização de estudos sobre avaliação; emprego de bibliografia diversificada e atualizada; vivência, durante o curso, das práticas que o futuro profissional poderá empregar em sua área de atuação (orientadores educacionais, professores de todos os níveis, diretores, coordenadores pedagógicos etc.); c) que os professores de todas as disciplinas tenham a possibilidade de participar de encontros/grupos de estudos que tratem da avaliação, nas suas diferentes dimensões (avaliação do trabalho pedagógico da instituição/escola, do trabalho realizado com alunos, do desempenho dos alunos e da atuação de cada um dos profis-sionais). Mais do que em qualquer outro curso, nos que formam profissionais da educação há necessidade de considerar a transversalidade da avaliação.

6. Observou-se, nos planos de trabalho da disciplina "didática" e nas falas dos professores, durante entrevistas, a inexistência de

análise do papel de cada um dos profissionais da educação que atuam na escola, quanto à avaliação. Além de esse fato parecer demonstrar o entendimento de que o alvo da avaliação é apenas o aluno, uma omissão foi sentida: o estabelecimento de papéis para o professor, para o diretor, para o orientador educacional, para o coordenador pedagógico, para o orientador pedagógico e para outros profissionais da escola, em relação à avaliação. Esse achado merece exame por parte dos cursos, porque, no caso da avaliação, não é comum se estabelecerem os papéis para cada um dos profissionais. Como a preocupação maior é com a avaliação do desempenho dos alunos, todos se voltam para eles, esquecendo-se de que, para bem atendê-los, é preciso que se desenvolvam, também, as outras dimensões da avaliação. Pode até acontecer de o aluno ficar sufocado com tanta gente atuando sobre ele, se houver duplicação de papéis. Não se encontrou nenhum depoimento que indicasse haver análise do papel desses profissionais da educação na avaliação conduzida *na* escola.

7. De modo geral, os depoimentos revelam a vontade dos professores de desenvolver uma avaliação condizente com os propósitos da formação dos futuros profissionais. Contudo, as dificuldades enfrentadas, principalmente pelo curso de Magistério (relacionadas à formação dos profissionais e às condições de funcionamento das escolas), impedem o bom andamento do processo.

A pesquisa relatada demonstrou que, na maioria das situações investigadas, não havia a intenção de preparação do futuro profissional da educação para a prática da avaliação. Simplesmente "estudava-se sobre a avaliação". Constatou-se que, no curso de Magistério, não fazia parte do estágio nas escolas de educação fundamental o envolvimento do estagiário com as práticas avaliativas. Os estagiários iam às escolas para observar "aulas", participar de algumas atividades e até "dar aulas" – que não incluíam a avaliação. Uma professora supervisora de estágio justificou essa situação afirmando que o tempo das atividades do estagiário na escola não lhe permitia incluir a avaliação – o que demonstrou um entendimento equivocado de avaliação. Esse é um dos motivos que explicam a dificuldade de se promoverem mudanças na avaliação: os cursos de formação de professores ainda não dão ao tema a atenção que merece. E assim tudo continua na mesma.

As coisas não podem continuar assim. Torna-se necessária a compreensão da abrangência da avaliação e de suas consequências. L.C. de Freitas (1995, p. 95) tem contribuições importantes a esse respeito. Segundo ele, avaliação e objetivos formam um par poderoso, que direciona outro par, conteúdo/método. Explica o autor:

> Os objetivos demarcam o momento final da objetivação/apropriação. A avaliação é um momento real, concreto e, com seus resultados, permite que o aluno se confronte com o momento final idealizado, antes, pelos objetivos. A avaliação incorpora os objetivos, aponta uma direção. Os objetivos, sem alguma forma de avaliação, permaneceriam sem nenhum correlato prático que permitisse verificar o estado concreto da objetivação.

A escola incorpora os objetivos da sociedade na qual se insere, comenta L.C. de Freitas, e, por meio dos procedimentos de avaliação, em sentido amplo,[2] garante o controle de sua consecução. Assim se explica sua seletividade, facilmente observada. Basta compararmos o número de classes de 1ª série da educação fundamental com o número de classes de 5ª e 8ª série desse mesmo nível. O sistema educacional é piramidal. Além de piramidal, o sistema educacional apresenta, ainda, um tipo de seletividade que Bourdieu e Passeron (1975) chamam de "eliminação adiada". Isso significa, segundo L.C. de Freitas (*op. cit.*, p. 95), que

> (...) as classes sociais menos privilegiadas transitam por determinados caminhos preestabelecidos e que as orientam para determinadas profissões – em geral menos valorizadas –, enquanto as classes mais privilegiadas se dirigem para os níveis mais altos de escolaridade – em geral profissões mais valorizadas social e economicamente falando. Interioriza-se, assim, a divisão entre trabalho manual e intelectual.

---

2. Procedimentos de avaliação em sentido amplo são aqueles que não se restringem a provas e outros trabalhos escritos. Avalia-se o desempenho do aluno por meios diversos e avaliam-se, também, o trabalho pedagógico e a atuação dos profissionais nele envolvidos.

L.C. de Freitas acrescenta que essa função social da escola capitalista é incorporada aos seus objetivos, bem como às práticas de avaliação, passando a fazer parte da organização do trabalho pedagógico. Adverte o autor ser importante discernirmos entre objetivos da escola (incorporação da função social seletiva) e objetivos pedagógicos relacionados às atividades desenvolvidas.

Como os objetivos se atrelam à avaliação, os cursos de formação de profissionais da educação precisam considerar que a avaliação por eles praticada revela e reforça seus objetivos. Pensando na articulação entre sociedade e educação, o par objetivos/avaliação da escola, ao mesmo tempo em que reflete e reforça os interesses sociais, também pode promover a emancipação do cidadão, capacitando-o para a inserção social crítica. Mais uma vez valho-me de L.C. de Freitas (1995, p. 144), que considera a fixação dos objetivos/avaliação "um dos terrenos privilegiados da disputa", e acrescenta: "Nossa hipótese é que esta categoria seja chave para compreender e transformar a escola". O autor entende o exame e a revisão dos objetivos do trabalho da escola, assim como a análise do papel que a avaliação vem cumprindo, como ponto de partida das mudanças. Não adianta mudar conteúdos e métodos de trabalho se os objetivos e as práticas avaliativas continuam os mesmos.

O portfólio em cursos de formação de profissionais da educação:
Em busca da autonomia

L.C. de Freitas (1995, p. 144) recomenda que o estudo do binômio objetivos/avaliação seja iniciado pelo "exame da avaliação", porque ela desvela os objetivos reais da escola e não somente os proclamados. Está justificada a importância da avaliação no trabalho pedagógico escolar e, de modo especial, nos cursos de formação de profissionais da educação.

Todas as considerações anteriores demonstram a necessidade da formação de professores para o desenvolvimento de um trabalho pedagógico que cumpra a função primeira da educação escolar: garantir que todos os alunos aprendam o indispensável para o exercício da cidadania plena. Não são apenas os educadores que fazem essa reivindicação; basta ler jornais e revistas para sentir o que as pessoas cobram das escolas.

Segundo Veiga (2002, p. 83), um dos pilares fundamentais da formação de professores como agentes sociais é a formação teórica de qualidade, que "implica recuperar, nas reformulações curriculares, a importância do espaço para análise da educação como disciplina, seu campo de estudo e *status* epistemológico; [e] busca ainda a compreensão da totalidade do processo de trabalho docente".

Veiga (*idem, ibidem*) propõe que a formação do professor se desenvolva na perspectiva de uma educação crítica e emancipadora, que considere, dentre outros aspectos: a) a construção e o domínio dos saberes da docência identificados por Tardif *et al.* (1991, p. 215) como os saberes disciplinares e curriculares – saber da formação pedagógica, saber da experiência profissional e saberes da cultura e do mundo vivido na prática social; b) a unicidade entre teoria e prática, perpassando todo o processo de formação; c) o trabalho como princípio educativo e a pesquisa como meio de produção de conhecimentos e intervenção na prática social e, especificamente, na prática pedagógica; d) a ação coletiva que integre não apenas todo o pessoal que atua na escola, mas também todos os processos que contribuem para a melhoria do trabalho pedagógico; e) a autonomia "como valor profissional do pensamento e da ação, aspirando a um maior controle sobre o trabalho pedagógico" (Veiga *et al.* 2001, p. 50).

De modo particular, três desses aspectos justificam a adoção do portfólio em cursos de formação de professores: 1) a construção e o domínio dos saberes da docência; 2) a unicidade entre teoria e prática; 3) a autonomia.

O portfólio é um dos saberes a serem incorporados por futuros profissionais da educação, que, por meio dele, não apenas "estudam sobre a avaliação", como costumeiramente se faz, mas vivenciam práticas que poderão adotar nas escolas onde atuarão. Trabalha-se, assim, a teoria e a prática da avaliação numa perspectiva emancipatória.

A avaliação tem sido um saber marginalizado na formação de professores. O uso do portfólio pode ser uma forma de colocá-la em debate justamente em um dos espaços a ela destinados, o da formação de professores. Isso requer mudança de concepção: o professor deixa de ser o "examinador" e o aluno, o "examinado". Atua-se em parceria, sem com isso perder o rigor e a seriedade que a atividade impõe. Pelo contrário, a avaliação torna-se mais exigente, porque passa a ser transparente. Não se pretende retirar a responsabilidade do professor para transferi-la ao aluno, mas possibilitar aos alunos vivenciarem o processo que o professor possa desenvolver com eles, de modo que superem os problemas que tanto temos combatido. Contudo, alerta Murphy (1997, p. 87), isso somente poderá ocorrer em ambiente que propicie o desenvolvimento profissional do professor, incluída sua autonomia intelectual e condições adequadas de trabalho.

Tardif (2002, p. 23) expressa sua vontade de "encontrar, nos cursos de formação de professores, uma nova articulação e um novo equilíbrio entre os conhecimentos produzidos pelas universidades 'a respeito' do ensino e os saberes desenvolvidos pelos professores 'em' suas práticas cotidianas". Até agora, afirma o autor, a formação para o magistério tem sido feita por meio de conhecimentos disciplinares geralmente produzidos em uma "redoma de vidro", e, posteriormente, aplicados na prática em forma de estágios e outras atividades semelhantes. O autor considera que os professores são atores competentes, sujeitos ativos, e que sua prática não é apenas "um espaço de aplicação de saberes provenientes da teoria, mas também um espaço de produção de saberes específicos oriundos dessa mesma prática" (p. 234). Isso significa que ele desenvolve e produz teoria da sua própria ação. Contudo, tal concepção da relação entre teoria e prática ainda é pouco vivenciada nos cursos de formação de professores.

O portfólio possibilita avaliar as capacidades de pensamento crítico, articular e solucionar problemas complexos, trabalhar de forma colaborativa, conduzir pesquisa, desenvolver projetos e possibilita também que o aluno formule seus próprios objetivos para a aprendizagem. O professor e o próprio aluno avaliam todas as atividades executadas durante um largo período de trabalho, levando em conta toda a trajetória percorrida. Não é uma avaliação classificatória nem punitiva. Analisa-se o progresso do aluno. Valorizam-se todas as suas produções; analisam-se as últimas comparando-as com as primeiras, de modo a perceber o avanço obtido. Isso requer que a construção do portfólio se baseie em propósitos de cuja formulação o aluno participe, para que se desenvolva o sentido de "pertencimento". Desse modo, o portfólio extrapola sua função avaliativa e passa a ser o eixo organizador do trabalho pedagógico, porque este assume outro significado: o aluno é corresponsável por sua organização. Murphy (1997, p. 73) considera que os portfólios "oferecem uma das poucas oportunidades escolares em que os alunos podem exercer seu julgamento, iniciativa e autoridade". Em cursos de formação de professores isso se torna fundamental, porque a tendência é eles trabalharem com seus alunos da forma como foram tratados por seus professores.

Contudo, ensina Murphy (*idem*, p. 74), para que os portfólios atendam às características citadas, não devem ser altamente prescritivos, porque podem restringir as oportunidades de professores e alunos demonstrarem iniciativas individuais. É importante a criação de situações desafiadoras e de ambiente de aprendizagem que fortaleça a autonomia do aluno. Percebe-se, então, que o portfólio não é um simples procedimento de avaliação: um novo entendimento de trabalho pedagógico e de avaliação é necessário.

Klenowski (2000, p. 221) relata estudos conduzidos por alguns pesquisadores em cursos de formação de professores sobre o uso do portfólio: Bull e Richert concluíram que o portfólio ajudou os professores a se tornarem mais reflexivos, principalmente porque, enquanto selecionavam os materiais a serem incluídos, eles pensavam sobre as atividades que desenvolviam com seus alunos e quão bem eles as realizavam, assim como analisavam se os materiais usados correspondiam aos objetivos de trabalho. Vavrus e Collins observaram que, enquanto construíam seus portfólios, os professores analisavam se suas práticas pedagógicas correspondiam às necessidades de seus alunos. Quando o conteúdo do portfólio era acompanhado por descrições reflexivas, comentam os mesmos autores, "a complexidade do ensino parecia ter sido captada" (*apud* Klenowski 2000, p. 222). Combinações de diferentes tipos de documentos, como exemplares de produções dos alunos, fitas cassete e de vídeo mostrando as práticas pedagógicas, planos de trabalho e outros, podem auxiliar a traçar toda a trajetória do trabalho, desde o planejamento até a avaliação, complementam os pesquisadores.

Klenowski (*idem*, p. 222) afirma que a literatura demonstra que a avaliação por meio do portfólio em cursos de formação de professores pode fortalecer a prática reflexiva. Nessa mesma linha de pensamento, Sá-Chaves (1998, p. 140) considera os portfólios como

> (...) instrumentos de estimulação do pensamento reflexivo, providenciando oportunidades para documentar, registrar e estruturar os procedimentos e a própria aprendizagem, ao mesmo tempo em que, evidenciando para o próprio formando e para o formador os processos de auto-reflexão, permitem que este último aja em tempo útil para o formando, indicando novas pistas, abrindo novas hipóteses que facilitem as estratégias de autodirecionamento e de orientação, em síntese, de desenvolvimento.

Sá-Chaves (*idem*, p. 140) refere-se ao portfólio como uma "metodologia" cuja tônica é possibilitar o sucesso do estudante. Essa autora salienta que o trabalho é feito de "forma partilhada, sempre aberta ao seu próprio fluir", partindo do pressuposto de que as narrativas "narram os factos e narram também o narrador". Segundo ela, a análise do conteúdo do portfólio inclui

> (...) a dimensão da pessoalidade e, se salvaguardados os requisitos fundamentais de qualquer exercício investigativo que garantam a privacidade e a intimidade dos seus autores, contribui para o conhecimento aprofundado de uma dimensão do saber profissional de difícil acesso: o conhecimento de si próprio, entendido como dimensão metacognitiva e metapráxica. (Sá-Chaves 1998, p. 140)

Sá-Chaves (*idem, ibidem*) aponta a função simultaneamente estruturante, isto é, organizadora da coerência, e a função reveladora, desocultadora e estimulante nos processos de desenvolvimento pessoal e profissional. Por meio dos portfólios, os formandos investigam seus processos de ensino e aprendizagem, seus próprios modos de pensar e as maneiras de organizar e gerar a infinitude de variáveis presentes em cada ato pedagógico, num processo de autodescoberta que, frequentemente, os surpreende e se desvenda aos seus próprios olhos.

Sousa (1998, p. 146) também trata do portfólio na formação de professores e considera que, nesse contexto, "o aluno é convidado a construir uma história, um relato alongado daquilo que aprendeu". A autora entende que tanto o professor formador quanto o aluno "partilham responsabilidades na sua elaboração" e decidem o que incluir, em que condições, com quais objetivos e a forma de avaliação. Ela entende que nem todas as produções vão para o portfólio – ele perde sua seletividade se incluir quantidade exagerada de trabalhos.

Professora da Universidade de Algarve, em Portugal, Sousa (*idem*, p. 147) afirma que nesse país e em outros não se pode garantir que a utilização de portfólios conduza, por si só, a uma avaliação autêntica, participativa e reflexiva. Contudo, as experiências já desenvolvidas em alguns países demonstram que eles podem influenciar positivamente as formas de ensinar, de aprender e de avaliar. Acrescenta a autora que o portfólio só poderá ser considerado como tal se for construído com o objetivo de contribuir para o desenvolvimento da autonomia do aluno.

Em relação à autonomia profissional, Contreras (2002, p. 32) a concebe como "qualidade do ofício docente". Contudo, alerta para o fato de que uma das características desse ofício é que ele está afetado ideológica e praticamente pela discussão sobre a presença ou a conveniência de determinadas qualidades, entre elas a da própria autonomia e do que por ela se possa entender. Falar sobre autonomia de professores traz à tona o tema da proletarização. "O trabalho docente sofreu uma subtração progressiva de uma série de qualidades que conduziram os professores à perda de controle e sentido sobre o próprio trabalho" (*idem*, p. 33). O autor considera que o que está em jogo na perda de autonomia dos professores é tanto o controle técnico ao qual se submetem como a desorientação ideológica na qual penetram.[3] O autor entende que

> (...) o exercício do controle sobre as tarefas do professor é mais eficaz na medida em que este assume como inevitável sua dependência com respeito a decisões externas em relação ao reconhecimento de autoridades legítimas que exercem o controle burocrático e hierárquico e ao reconhecimento do saber legitimado que não lhe corresponde, mas que pertence ao campo do saber científico e acadêmico. Ao renunciar à sua autonomia como docente, aceita a perda do controle sobre o seu trabalho e a supervisão externa sobre o mesmo. (Contreras 2002, p. 38)

---

3. Sobre este tema, ler o Capítulo 1 de Contreras (2002).

Contreras esclarece que não se deve concluir que a teoria da proletarização seja um processo implacável e perfeito, porque o Estado não se apresenta apenas como um mecanismo de sustentação da lógica do capital, mas se encontra submetido a necessidades contraditórias, já que tem de legitimar seu papel e suas instituições aos olhos da população. No caso da educação escolar, são buscadas formas de participação do cidadão em atividades várias e de sua adaptação às necessidades concretas dos diretamente atingidos. O autor conclui que isso e a impossibilidade de racionalização total "transformam a escola e o papel de seus agentes num espaço de *relativa autonomia*". Apple (1987, p. 155) afirma que "nós podemos normalmente fechar a porta e não ser incomodados". Esses espaços de relativa autonomia e de difícil controle externo e burocrático possibilitam a criação de ações de resistência.

Contreras (2002, p. 51) ainda nos convida a analisar outro aspecto fundamental da proletarização dos professores. No contexto educativo, diz ele, a proletarização é, sobretudo, a perda de um sentido ético implícito no trabalho do professor. A falta de controle sobre o próprio trabalho que possa significar a separação entre concepção e execução se traduz, no campo educativo, numa desorientação ideológica e não só na perda de uma qualidade pessoal para uma categoria profissional. Não se podem retirar as funções intelectuais dos professores, o que significaria subtrair o sentido ético na docência. Tornam-se necessárias as resistências e a preservação do significado e da direção do trabalho por parte dos professores. Nisso consiste sua autonomia. Contudo, Contreras chama a atenção para outro aspecto da questão:

> Há processos de controle ideológico sobre os professores que podem ficar encobertos por um aumento de sofisticação técnica e pela aparência de uma maior qualificação profissional. Um determinado resgate de habilidades e decisões profissionais pode se transformar em uma forma mais sutil de controle ideológico. Se a posição clássica da proletarização era a perda de autonomia ocasionada pela redução de professores a meros executores de decisões externas, a recuperação de determinado controle pode não ser mais que a passagem da simples submissão a diretrizes alheias à "autogestão do controle externo". Portanto, se quisermos entender o problema da autonomia profissional, devemos ir além das aparências, atendendo não só às retóricas previamente

elaboradas nas quais se identificam de antemão determinados jargões ou linguagens com uma vantagem profissional ou um benefício educativo. (2002, p. 51)

Concluindo, pode-se afirmar, com a ajuda de Contreras (*idem*, p. 204), que a "autonomia deve ser entendida como a independência intelectual que se justifica pela idéia da emancipação pessoal da autoridade e do controle repressivo, da superação das dependências ideológicas ao questionar criticamente nossa concepção de ensino na sociedade". Essa posição possibilita aos professores desempenhar seu papel de distanciamento crítico necessário ao trabalho pedagógico que tem por objetivo a formação do cidadão para ter inserção social crítica.

Maior autonomia, comenta Contreras (*idem*, p. 273), não significa mais margem de manobra (por parte de professores, escolas, famílias, indivíduos), mas maior capacidade de intervenção nas decisões políticas que atribuem responsabilidades às escolas e nas condições pelas quais essas atribuições possibilitam maior desenvolvimento social. A autonomia não se relaciona à autocomplacência nem ao individualismo competitivo, mas à convicção de que o desenvolvimento dos professores e da escola advém do processo democrático da educação, isto é, "da tentativa de construir a autonomia profissional juntamente com a autonomia social" (Contreras 2002, p. 275).

Afirmou-se, inicialmente, que três aspectos justificam, de modo especial, a adoção do portfólio em cursos de formação de professores: a) a construção e o domínio dos saberes da docência; b) a unicidade entre teoria e prática; c) a autonomia. Este último foi tratado de forma mais alongada por se reconhecer que as situações vivenciadas pelos professores e pelas escolas exigem que lhe seja dada mais atenção. Esses aspectos e as contribuições da avaliação formativa e do portfólio mencionados até agora estão sendo praticados pelo curso de Pedagogia para Professores em Exercício no Início de Escolarização (PIE), oferecido desde 2001 pela Universidade de Brasília, em convênio com a Secretaria de Estado da Educação do Distrito Federal.

O portfólio no curso de Pedagogia para Professores em Exercício no Início de Escolarização (PIE)

> *Nós, alunos do PIE, não aceitamos mais o conhecimento como algo pronto e acabado, que deve ser transmitido, e, sim, o conhecimento como algo a ser construído continuamente, renovando-se sempre.*
>
> Professor-aluno do PIE.

Pedagogia para Professores em Exercício no Início de Escolarização (PIE) é um curso com duração de três anos, oferecido com características de semipresencialidade, com carga horária de 3.210 horas (40% presenciais e 60% não presenciais), destinado a professores em exercício na educação infantil ou no início de escolarização do ensino fundamental da rede pública de ensino do Distrito Federal, portadores de habilitação para o magistério, em nível médio.

A carga horária não presencial (60%) destina-se ao trabalho com recursos de tecnologia multimídia, especialmente textos "mediáticos" impressos, vídeos e interação pela Internet. Considera-se nessa carga o trabalho de regência efetiva do professor-aluno.

A carga horária presencial (40%) destina-se ao desenvolvimento de projetos individuais e coletivos, seminários, conferências, encontros de socialização de experiência, aulas expositivas, atividades nos laboratórios de informática etc.

O curso teve início em 2001, com um grupo de mil professores-alunos. Em 2002, outro grupo de mil professores-alunos passou a frequentá-lo. As negociações da UnB com a Secretaria de Estado de Educação do Distrito Federal previam, em 2001, que o universo de professores em exercício, com apenas o curso de Magistério, num total de cinco mil, faria o curso na UnB. Em 2002, após uma greve de professores da UnB, por interesse da Secretaria de Estado de Educação, decidiu-se que a universidade atenderia apenas dois mil professores. O outro grupo de três mil passou a ser atendido por uma instituição privada.

A programação do curso é desenvolvida por coordenadores, tutores e mediadores. Os coordenadores são professores da Secretaria de Estado de Educação do Distrito Federal, colocados à disposição da Faculdade de Educação da UnB, aos quais foi oferecido um curso de especialização sobre fundamentos educativos para a formação de profissionais para a educação básica – início de escolarização, nos anos de 2001 e 2002, como parte do programa do PIE.

Os tutores são, quase todos, professores da Faculdade de Educação da UnB que, além de serem os autores dos módulos de trabalho, encontram-se sistematicamente com os mediadores e, em alguns momentos, com os professores-alunos, para análise mais aprofundada dos temas.

Os mediadores, em número de 55, são professores da Secretaria de Estado de Educação do Distrito Federal, também colocados à disposição da Faculdade de Educação da UnB, que também participaram do curso de especialização. Observa-se, então, que um dos pontos fortes desse programa foi a formação dos coordenadores e dos mediadores para sua atuação. O curso de especialização teve a duração de três semestres e suas atividades foram desenvolvidas pelos professores tutores e autores dos módulos de trabalho. Enquanto esse grupo se formava, concomitantemente já exercia as atividades de mediação. A teoria e a prática compreendiam as atividades do curso de especialização e as realizadas com os professores-alunos. Esse fato tornou o PIE uma iniciativa singular e inovadora.

Os mediadores encontram-se com os professores-alunos nas escolas em que estes últimos trabalham, em espaços da UnB e nos Centros Regionais Informatizados para a Educação (Cries), que são laboratórios de informática em que todos têm acesso ao computador como ferramenta que proporciona, em tempo real, informações gerais e específicas sobre temas, além de promover a interatividade e a troca de experiências. O professor-aluno tem a possibilidade de ampliar seus conhecimentos sobre a forma de desenvolver o trabalho pedagógico acessando recursos multimídias, consultando colegas, especialistas, obtendo respostas sobre métodos, materiais, estratégias de desenvolvimento de temas etc. Os encontros nos laboratórios constituem momentos privilegiados de familiarização com o computador e com o acesso à Internet, possibilitando ao professor-aluno viver novas experiências.

O PIE decidiu enfrentar um desafio: estudar, pesquisar e analisar a avaliação integrada ao trabalho pedagógico voltado para a formação do cidadão independente e crítico, mas, ao mesmo tempo, praticá-la de forma convencional – isto é, para aprovar ou reprovar os alunos –, adotando procedimentos padronizados e descontextualizados, ou vivenciar e construir, juntamente com os professores-alunos, práticas avaliativas que promovam sua aprendizagem e os ajudem a selecionar as que poderão utilizar com seus alunos. No caso do PIE, esse desafio é ainda maior porque todos os cursistas são professores em exercício. Para enfrentar esse desafio, adota-se como procedimento de avaliação o portfólio, que vem sendo *construído* por todos os professores-alunos, para que cada um deles e os mediadores possam acompanhar o andamento das atividades. De modo geral, o que acontece em cursos de nível superior é o professor aplicar e corrigir provas, registrar os resultados e devolvê-las aos alunos. Além disso, costumam ser solicitadas atividades, como produções de textos, elaboração e desenvolvimento de projetos, trabalhos de campo e outras, entregues ao professor para avaliação. Este, após fazer suas observações, devolve ao aluno seus trabalhos, conservando apenas números e/ou palavras sobre o que foi realizado. Ao final do período letivo, ele recorre aos seus registros para emitir o julgamento final, em forma de nota ou menção. Contudo, não tem mais em mãos os trabalhos dos alunos, para que possa analisar sua trajetória de aprendizagem. Talvez por isso se valorizem tanto as notas: porque somente elas ficam registradas. Porém, elas não traduzem o processo de aprendizagem.

O PIE decidiu utilizar sistemática em que se analisa teoricamente a avaliação e, ao mesmo tempo, avaliam-se as produções do professor-aluno por meio de um procedimento que corresponde à teoria estudada, dando oportunidade ao grupo de repensar sua concepção de avaliação e as práticas adotadas na educação básica. É um processo em construção, porque quase todos os envolvidos o desconheciam e ainda é incipiente a bibliografia sobre esse tema. O próprio referencial teórico está sendo organizado pelo grupo.

Não tem sido fácil desenvolver a avaliação por meio do portfólio numa faculdade onde ainda há alguns ranços da avaliação tradicional. Não é minha intenção criticar colegas professores e alunos da Faculdade de Educação da UnB. Entendo que todos nós, professores e alunos, fomos formados segundo a pedagogia tradicional, sendo difícil superá-la. Contudo, principalmente em cursos de formação de profissionais da educação, há necessidade de se adotarem práticas avaliativas que promovam a aprendizagem dos alunos e dos próprios professores, para que haja repercussão no trabalho realizado na educação básica. Nesse sentido, relato, a seguir, duas situações ilustrativas da nossa realidade.

Encerrado o primeiro semestre letivo de 2003, em que ofereci a disciplina "teoria e prática pedagógica 4", do currículo convencional do curso de Pedagogia – na qual os alunos elaboraram um projeto de pesquisa sobre avaliação, desenvolveram-no durante o semestre e elaboraram o relatório final –, fui procurada por uma aluna matriculada na disciplina, que comparecera apenas às duas primeiras aulas. Em um desses encontros apresentei-lhe a possibilidade de desenvolver a pesquisa na mesma escola em que fazia estágio supervisionado, para que pudesse executar atividades integradas e significativas. Contudo, ela não mais compareceu aos encontros nem deu explicações. Seguindo as normas da instituição, concluído o semestre, registrei no formulário próprio a menção "SR" (sem rendimento) e a porcentagem de faltas. Após esse procedimento, encontrei em meu escaninho um "relatório final" do estágio realizado pela aluna, em que foram inseridos alguns eventos de avaliação observados na escola. Alguns dias depois, ao me encontrar no estacionamento da Faculdade de Educação, ela perguntou-me se eu havia achado seu relatório. Após ouvir-me dizer que ela não havia desenvolvido as atividades da disciplina, algumas em conjunto com os colegas, sob minha orientação, ela perguntou-me: "Professora, não dá para aproveitar nada?".

A cena acima foi descrita como ilustração de que o aluno, de modo geral, estuda simplesmente para "ganhar nota" e não para aprender. Sempre foi assim e tem sido difícil mudar. A protagonista dessa situação anexou ao trabalho colocado em meu escaninho um bilhete em que contava os problemas pessoais ocorridos e apelava para a minha "compreensão", porque era formanda. Esse é apenas um exemplo do que não poderia acontecer em cursos que formam profissionais da educação. Será que o trabalho pedagógico do qual essa aluna participou durante todo o curso de Pedagogia a preparou para assim proceder? Que profissional da educação ela será? Que tipo de contribuição terá condições de dar para a prática de uma avaliação que valorize a aprendizagem?

Outra situação muito observada no desenvolvimento do trabalho pedagógico das disciplinas que integram os cursos formadores de profissionais da educação, em nível universitário, é o fato de o professor "corrigir os trabalhos finais" após o término das aulas e entregar as menções na secretaria e/ou afixá-las sobre a porta de sua sala de trabalho para conhecimento pelos alunos. Isso pode significar que: a) o aluno toma conhecimento da menção final atribuída pelo professor após o encerramento do semestre; b) a avaliação é vista como um evento à parte e de responsabilidade exclusiva do professor; c) a avaliação cumpre a função classificatória e seletiva e não a de promover a aprendizagem. O desejável é que a avaliação faça parte do trabalho pedagógico que se encerra com todas as decisões tomadas, de modo que o aluno analise, juntamente com o professor, todo o processo de sua aprendizagem. Não se aceita que o aluno tome conhecimento dos "resultados da avaliação" após a última "aula", quando não tem mais oportunidade de se encontrar com o professor. A avaliação é parte integrante do trabalho pedagógico. Portanto, esse trabalho é concluído depois de tomadas todas as decisões, incluída a decisão burocrática de atribuição de menção. Mais do que isso: avaliação é aprendizagem. Enquanto se avalia, aprende-se, e enquanto se aprende, avalia-se. O fato de os alunos terem de recorrer da decisão do professor quanto ao resultado final demonstra que a avaliação não é integrada ao trabalho pedagógico e cumpre função burocrática e classificatória.

A descrição dessas duas situações nos ajuda a compreender a necessidade de organização do trabalho pedagógico do qual elas não façam parte. Valoriza-se a aprendizagem do aluno em todos os sentidos porque, afinal de contas, todos os procedimentos adotados pelo professor poderão ser utilizados como exemplo futuramente.

Levando em conta os três aspectos já mencionados (a construção e o domínio dos saberes da docência, a unicidade entre teoria e prática e a autonomia), apontados, dentre outros, por Tardif *et al.* (1991, p. 215) como necessários à formação do professor segundo perspectiva crítica e emancipadora, o PIE decidiu enfrentar o desafio de romper com a avaliação tradicional, adotando o portfólio como o procedimento avaliativo das produções dos alunos.

A decisão pelo uso do portfólio como procedimento de avaliação ocorreu com o curso já iniciado. O projeto do curso (UnB/FE – Projeto do curso de Pedagogia para Professores em Exercício no Início da Escolarização 2000, p. 18), elaborado por uma equipe de professores[4] da Faculdade de Educação e professores da Secretaria de Estado da Educação, cedidos à UnB para atuar no PIE, afirma:

> O processo de avaliação, no contexto do projeto, visa superar o ato de medir quantitativamente resultados esperados, o que acaba sempre por confundir o mais importante com o mais mensurável. A avaliação é abrangente porque contempla tanto as questões ligadas estritamente ao processo ensino/aprendizagem, como as que se referem à organização do trabalho pedagógico, à função socializadora e cultural, à formação das identidades, dos valores etc., enfim, ao projeto do curso como um todo.

O projeto considera ser a avaliação "parte integrante do processo de formação do formador, constituindo-se também em elemento da organização da prática pedagógica". Nesse sentido, "deve explicar o que avaliar, para que avaliar, com o que avaliar e como avaliar".

Iniciado o trabalho com os professores-alunos, percebeu-se que a avaliação formativa seria a condizente com as diretrizes gerais do curso. Mas faltava dar-lhe corpo: que concepção a embasaria? Quais seriam seus objetivos? Com qual procedimento ou procedimentos se trabalharia? Discussões com os mediadores no curso de especialização que eles frequentavam e nos momentos de tutoria conduziram à decisão de adoção do portfólio, porque eu já o usava nas disciplinas sob minha responsabilidade na Faculdade de Educação e já possuía referencial teórico em organização.

O fato de todos os mediadores que atuavam à época do início do curso terem participado da decisão do uso do portfólio foi importante, porque criou comprometimento e empenho individual e grupal para que o processo obtivesse êxito. Não foi uma decisão *a priori* e imposta, mas pensada e discutida por todos. Como consequência, tanto os mediadores quanto os professores-alunos têm aprendido muito.

---

4. Equipe elaboradora do Projeto PIE: Stella Maris Bortoni Ricardo (coordenadora); Maria das Graças M.P. de Carvalho; Najla Veloso S. Barbosa; Sílvia Lúcia Soares e Solange Amorim Amato.

O portfólio tem sido considerado no PIE um dos saberes a serem incorporados pelos professores-alunos e pelos mediadores, em articulação com a teoria e a prática; ele tem sido visto não apenas como procedimento de avaliação, mas como o próprio eixo organizador do trabalho pedagógico, dada a importância que passou a ter durante todo o processo. Sua construção tem se apoiado nos seis princípios básicos já comentados.

A construção do portfólio no PIE

O início do trabalho foi marcado por dúvidas e inseguranças, principalmente por parte dos mediadores, porque eles tiveram de enfrentar alguns desafios: 1) nunca haviam construído o seu próprio portfólio; 2) iriam coordenar a construção do portfólio de cada professor-aluno, e este, por sua vez, também nunca tinha ouvido falar de tal procedimento; 3) na Faculdade de Educação esse procedimento era usado sistematicamente por apenas uma professora.

Construí, juntamente com o grupo de mediadores, o início do referencial teórico do trabalho com o portfólio, tendo por base pouquíssimos materiais em português existentes em 2001 e 2002. Livros e textos em inglês serviram de apoio, com a devida adaptação à nossa realidade. As dúvidas iniciais eram: o que incluir no portfólio? As atividades seriam direcionadas ou livres? Se direcionadas, até que ponto? Quando possibilitar ao professor-aluno desprender-se das prescrições do mediador? Qual seria a formatação desse trabalho? Como avaliar as produções apresentadas em diferentes linguagens? Como atribuir menção a produções tão diversas?

O PIE trabalha de acordo com as orientações acadêmicas do aluno regular da UnB. Umas das exigências é a menção para cada disciplina ao final do semestre. Constantemente essa discussão vem à tona porque, de acordo com a concepção de avaliação por meio do portfólio, parece ser incoerente traduzir todo o processo em uma menção.

As primeiras discussões encaminharam-se para a concepção de avaliação proposta no curso e para os princípios do portfólio. Decidiu-se enfatizar o cumprimento do princípio da autonomia, porque tanto os mediadores quanto os professores-alunos não tinham sido formados segundo essa concepção de trabalho pedagógico. Entendeu-se ser mais prudente que a construção do portfólio se desse, em um primeiro momento, de maneira semidirecionada, para evitar insegurança por parte de todos os envolvidos. Nesse tipo de portfólio, algumas atividades/produções são comuns a todos os professores-alunos e solicitadas pelos mediadores; outras são selecionadas pelos professores-alunos, em atendimento ao propósito ou propósitos por eles definidos. Assim, o portfólio é semidirecionado.

O formato de apresentação do portfólio é de escolha do seu autor. Tem sido recomendada a utilização de diferentes linguagens e formas de expressão, para que se valorizem as capacidades de todos e eles aprendam a trabalhar dessa maneira com seus alunos. O grupo de mediadores definiu os aspectos a serem observados na avaliação dos textos produzidos para que fossem mantidos os objetivos e princípios do curso.

A construção do portfólio requer que os professores-alunos tenham muita clareza acerca dos princípios, objetivos e critérios de avaliação. O trabalho tem início com a construção coletiva dos propósitos comuns do portfólio e dos descritores avaliativos. Esse foi um processo difícil, segundo depoimento dos mediadores. Os alunos, de modo geral, estão acostumados a receber tudo pronto e a cumprir ordens. Não é diferente quando os alunos são também professores. Eles foram convidados a refletir sobre os objetivos de seu trabalho, sobre como evidenciar sua aprendizagem e sobre os aspectos observados na avaliação. Inicialmente, a participação dos professores-alunos nessas decisões foi pequena. Como o grupo de mediadores definiu, inicialmente, os propósitos comuns e os descritores de avaliação (é preciso considerar que o processo era novo para todos e também os mediadores tinham insegurança e quiseram se fortalecer coletivamente), os professores-alunos quiseram, primeiramente, entender os propósitos e descritores definidos pelo próprio curso. Esse fato é facilmente compreensível, porque uma avaliação nesses moldes ainda é pouco vivenciada por professores em sua formação. Aliás, a dificuldade em lidar com esse processo avaliativo era de ambos os lados: mediador e professor-aluno. Fazer o diferente gera muito medo e insegurança (Batista, Mota, Pires e Villas Boas 2003, p. 17).

O primeiro conjunto de propósitos gerais formulados pelos mediadores foi o seguinte:

1. Articular as áreas/dimensões formadoras do curso com eixos integradores, contribuindo para a consolidação do eixo transversal (educação, cidadania e letramento).
2. Possibilitar a expressão dos temas abordados por meio de diferentes linguagens, evidenciando processualmente as múltiplas aprendizagens.
3. Sistematizar produções com base na organização do trabalho pedagógico realizado.
4. Evidenciar transformações da prática pedagógica mediante a permanente reflexão na ação.
5. Fornecer elementos para a produção do trabalho de conclusão do curso (TCC).

Os professores-alunos sugeriram a inclusão dos seguintes propósitos: possibilitar a troca de experiências e evidenciar produções coletivas.

Formularam-se os seguintes descritores de avaliação:

- apresentação que possibilite a compreensão do portfólio;
- atividades acompanhadas de análises/reflexões;
- atividades apresentadas com coerência, clareza, sequência de ideias e correção textual;
- apresentação, nas diversas produções, de confronto da discussão teórica com a prática pedagógica;
- desenvolvimento processual, isto é, ao longo do período indicado para sua construção;
- desenvolvimento das atividades propostas e articuladas com as áreas/eixos do currículo do PIE.

A definição de atividades comuns aos professores-alunos, mais intensa no início, foi sendo diminuída nos semestres posteriores. Hoje, investe-se mais na autonomia do professor-aluno. A turma que trabalhou com o 5º módulo em 2003 já teve mais condições de escolher as atividades/produções para evidenciar sua aprendizagem. Mesmo assim, alguns professores-alunos solicitaram a definição de atividades por parte dos mediadores.

Mediadores e professores-alunos têm vivenciado juntos uma proposta de avaliação que enfatiza a aprendizagem, o progresso e o sucesso. Os medos e as inseguranças aconteceram dos dois lados, mas o crescimento também. Após a experiência inicial de orientação de portfólio, a compreensão sobre o novo processo foi ampliada e hoje o trabalho pode ser conduzido com mais segurança. Como consequência da experiência adquirida, a análise dos propósitos e descritores tem acontecido de forma mais consciente e crítica. Tem havido mais participação e interesse dos professores-alunos.

A pesquisa sobre o trabalho com o portfólio no PIE

Como a avaliação por meio do portfólio constitui uma prática recente entre nós, está sendo acompanhada e investigada pelo grupo de pesquisa Avaliação e Organização do Trabalho Pedagógico,[5] que desenvolve, no momento, um grande projeto de pesquisa sobre práticas avaliativas inovadoras, no qual se insere a pesquisa cujos resultados são aqui descritos. O objetivo dessa investigação foi analisar as percepções dos mediadores e dos professores-alunos sobre o uso do portfólio como procedimento de avaliação no PIE.

A primeira parte da pesquisa foi realizada por meio da aplicação de um questionário a 36 dos 55 mediadores, no dia 24/9/2002, para que respondessem como se sentiam ao participar de uma avaliação por meio de portfólio e quais eram suas percepções sobre as reações dos professores-alunos quanto ao uso desse recurso.

Os dados coletados foram agrupados em sete itens de análise:

1. Os mediadores apresentam as reações dos professores-alunos ao uso do portfólio: "Relação de amor e ódio".

---

5. Grupo de pesquisa cadastrado pelo CNPq e certificado pela UnB, que tem como líder a professora Benigna Maria de Freitas Villas Boas.

2. Portfólio: "O mais enriquecedor procedimento de avaliação".
3. "A gente faz o portfólio pensando em quem vai avaliar".
4. Contribuições do portfólio para a formação dos professores-alunos: "Transformação de nossas crenças, de nossos valores e de nossa atuação profissional".
5. Dentre dificuldades e facilidades, "uma dificuldade imensa de não comparar as pessoas e suas produções".
6. O mediador como coordenador do processo de construção do portfólio: "Guerra de concepções".
7. Necessidades/sugestões.

1. Os mediadores apresentam as reações dos professores-alunos ao uso do portfólio: "Relação de amor e ódio"

As palavras/expressões mais usadas pelos mediadores para descrever as reações dos professores-alunos são relacionadas à resistência e às dificuldades encontradas: medo, repulsa, dúvidas, insegurança, estresse, sofrimento, questionamento, angústia, preocupação, ansiedade, estranhamento, incompreensão, fardo a mais, "sentem-se assustados, confusos, perdidos, apavorados", rejeição, apreensão, aversão. As palavras mais frequentes foram medo e insegurança. O portfólio chegou a ser rotulado de o "bicho-papão" do curso.

Segundo uma mediadora, a causa do "sofrimento" estava no fato de os professores-alunos não terem segurança quanto ao "certo" ou "errado" de suas produções.

Uma mediadora declarou que, no início, os professores-alunos tinham "receio de escrever". Outra afirmou que, no segundo semestre letivo de 2002, os professores-alunos das duas turmas com as quais trabalhava "demonstravam insatisfação com esse instrumento de avaliação".

Uma mediadora relatou o depoimento de uma professora-aluna:

Ficamos felizes com a palestra da professora Benigna quando nos falou, no início do curso PIE, sobre portfólio, que era uma construção minha, mas no decorrer do processo não é isso que está acontecendo; fazemos o portfólio para atender aos objetivos de cada professor-mediador, apenas para ser avaliado, e não com o propósito apontado pela professora Benigna. Ou seja, o que está acontecendo é uma pressão psicológica e vejo o portfólio como um peso neste curso.

Essa mesma mediadora acrescentou ser esse o sentimento de vários professores-alunos com quem trabalhava e que esse grupo demonstrava muita resistência ao uso do portfólio. Outra mediadora relatou: "Alguns cursistas ainda demonstram alguma resistência, alegando que não há consenso (critérios) por parte da mediação quando avalia o portfólio e que isso os desanima, tira o caráter pessoal da produção".

Vários depoimentos esclarecem que, passado o primeiro momento de "estranhamento", veio o segundo, traduzido pela sensação de "descoberta de algo novo" e prazeroso, mas que, mesmo assim, havia um grupo que mantinha sua discordância quanto ao uso do portfólio e, consequentemente, sua resistência, até o final do semestre. Segundo os depoimentos dos mediadores, parece que a maioria dos professores-alunos aprovava, naquele momento, o uso do portfólio.

Além das reações negativas, que tinham predominado no início das atividades, "após orientações e textos de apoio, os professores-alunos começavam a vislumbrar o caminho a trilhar" e a apresentar as seguintes atitudes positivas quanto ao novo processo avaliativo: curiosidade; admiração; alegria; paixão; "orgulho pelo que têm conseguido produzir"; aceitação; tranquilidade; "sentem-se felizes em produzir, em divulgar seus trabalhos (momento de autoria), mas há elementos no processo que ainda precisam ser superados"; "confiança na mediadora"; interesse; criatividade; "encaram o desafio e se comprometem com ele"; "busca pela fundamentação (insegurança) para terem segurança"; entusiasmo; prazer "de construir e acompanhar a sua avaliação" e ao "perceber a riqueza que é o porta-fólio"; "abertura para entender e acolher esse processo avaliativo".

Com relação às atitudes positivas, a palavra mais usada pelos mediadores foi "tranquilidade". Um dos relatos aponta que após o medo inicial da construção, "a partir do momento em que os trabalhos vão sendo apreciados pelo mediador, paira um ar de tranqüilidade por parte dos professores-alunos".

Observou-se que uma das palavras mais usadas pelos mediadores, em suas respostas aos itens do questionário, era "construção", um dos princípios-chave do trabalho com o portfólio, com eles discutidos desde o início da implantação do processo avaliativo (Villas Boas 2001, p. 207). As informações até agora apresentadas possibilitam a formulação das considerações que se seguem. Em primeiro lugar, cabe destacar que o portfólio constitui um processo avaliativo completamente diferente daquele vivenciado até o momento pelos professores-alunos e também pelos mediadores. Apóia-se nos seis princípios, já apresentados: construção, reflexão, criatividade, parceria, autoavaliação e autonomia, os quais não costumam fazer parte do trabalho pedagógico das escolas e dos cursos de formação dos profissionais da educação. A avaliação e todo o trabalho pedagógico no qual ela se insere têm sido prescritos pelos professores e pelas autoridades educacionais. Não são muitos os casos de trabalho pedagógico que visem à aprendizagem do aluno e que, ao mesmo tempo, possibilitem o desenvolvimento do professor e da escola. A divisão entre trabalho manual e intelectual continua fortemente presente nas escolas de todos os níveis. Portanto, a proposta de utilização do portfólio é inovadora porque procura eliminar o autoritarismo ainda presente na avaliação e na organização do trabalho pedagógico. Porém, mudança provoca medo, insegurança, angústia, resistência e até mesmo sofrimento, como foi apontado. Segundo uma mediadora, alguns professores-alunos

> (...) comentam que a prova é mais legal para essa modalidade de ensino. No entanto, ao começarem a produzir o memorial descritivo, já começam a tomar gosto e parece que tudo começa a fluir, então, elaboram trabalhos maravilhosos. Uns, mesmo fazendo bons trabalhos, ainda resistem.

Em segundo lugar, é preciso entender que a relação de "amor e ódio", expressão usada por uma mediadora, pode ter várias interpretações. Uma delas pode estar relacionada à consideração anterior. Além disso, uma mediadora oferece a seguinte pista para a compreensão dessa questão: "Tenho observado que os professores que gostam [de construir o portafólio], em geral, foram bem avaliados pelo seu trabalho e os que não gostam tiveram problemas quanto à avaliação". Portanto, pode-se entender que o gostar ou não de construí-lo relaciona-se com a forma de organização e desenvolvimento do trabalho, o que coloca grande responsabilidade na atuação do mediador.

Em terceiro lugar, a resistência ao uso do portfólio não é um ato isolado. Deve ser compreendida levando-se em conta a formação do professor e o ritual pedagógico geralmente presente nas escolas onde atuam. No caso do PIE, em que os alunos são professores em exercício, essa dualidade está presente. Só que eles têm uma formação para o magistério (em nível médio) com grandes chances de ter sido feita nos moldes tradicionais, parecem desenvolver trabalho pedagógico dessa mesma forma, nas escolas onde trabalham, e estão vivenciando no PIE uma formação que procura superar essas dificuldades já acumuladas.

Toda mudança pode provocar algum trauma. Um dos desafios enfrentados pelo PIE é o de superar a avaliação tradicional (entendida como a que visa dar notas e aprovar e reprovar os alunos) e construir a avaliação formativa.

2. Portfólio: "O mais enriquecedor procedimento de avaliação"

> *O porta-fólio é um instrumento riquíssimo que garante a beleza da construção própria, individual, personalizada. Costumo dizer aos cursistas que é um momento de duplo prazer no processo educacional: você como autor/produtor de sua vivência e ao mesmo tempo leitor de sua obra, de sua prática, de sua atuação pedagógica. Autor e leitor de si mesmo!*
> Sandra Mary G. Prazeres, mediadora.

O trabalho com o portfólio tem sido uma experiência nova para todo o grupo de mediadores e professores-alunos. Segundo um dos mediadores, para os professores-alunos a reação tem sido "de muita curiosidade e insegurança, por ser sua primeira experiência nesse tipo de avaliação".

Um dos itens do questionário solicitou aos mediadores que indicassem sua percepção sobre o grau de importância que os professores-alunos sob sua coordenação atribuíam aos princípios norteadores do trabalho com o portfólio (construção, reflexão, criatividade, parceria, autoavaliação e autonomia).

Foram apresentados os números de 1 a 6, para que escrevessem ao lado de cada um o nome de um dos princípios, de modo que o número 1 fosse o mais importante e o número 6 fosse o de menor importância. O resultado é apresentado a seguir. A escolha dos mediadores pelo princípio mais importante foi a seguinte: 15 apontaram a reflexão; 13, a construção; 5, a autonomia; 2, a parceria; 1, a criatividade; nenhum escolheu a autoavaliação. Como o princípio que ocupa o segundo lugar, a reflexão recebeu 10 indicações; a autonomia, 8; a construção, 6; a autoavaliação, 5; a criatividade, 4; e a parceria, 3. Como o princípio que ocupa o terceiro lugar, a autoavaliação recebeu 10 indicações; a reflexão, 9; a autonomia, 6; a construção, 5; e a criatividade e a parceria, 3 cada uma delas. Como o princípio que ocupa o quarto lugar, a parceria e a autonomia receberam 8 indicações cada uma; a criatividade e a autoavaliação, 7 cada uma; a construção, 4; e a reflexão, 1. Como o princípio a ocupar o quinto lugar, a parceria e a autoavaliação receberam 10 indicações cada uma; a criatividade, 9; a construção e a autonomia, 3 cada uma; e a reflexão, nenhuma. Como o princípio que ocupa o sexto lugar, a criatividade recebeu 14 indicações; a parceria, 9; a autonomia, 5; a autoavaliação, 3; a construção, 2; e a reflexão, nenhuma.

Embora a reflexão tenha sido indicada para o primeiro e o segundo lugares, a síntese dos dados, desconsiderando-se a ordem de importância, mostra que a criatividade foi apontada 38 vezes, seguida da reflexão, da parceria, da autoavaliação e da autonomia, apontadas, cada uma, 35 vezes, e que a construção foi apontada 31 vezes. Constatou-se, então, que, de modo geral, os seis princípios estavam sendo equilibradamente considerados pelos professores-alunos, segundo a percepção dos mediadores.

Algumas das justificativas para a indicação da reflexão como o princípio mais importante foram as seguintes:

... é através dela que o trabalho pedagógico poderá avançar ou não;
... é o carro-mestre (...) o portfólio vem a ser este espaço de reflexão;
... os professores percebem o quanto é importante refletir sobre suas ações e sobre a fundamentação teórica apresentada;
... todos relatam a necessidade de retomada após o término de cada semestre;
... através dela o professor revê o seu trabalho;
... é uma oportunidade de estar sempre reavaliando o processo e os registros feitos;

... é primordial que o professor-aluno de um curso de Pedagogia reflita sobre o seu fazer no curso...;

... todo o processo inicia-se refletindo sobre ele desde os estudos em grupo;

... este princípio tem sido o mais enfocado sendo, inclusive, um dos critérios para avaliá-lo;

... é o constante pensar sobre a ação;

... os princípios da reflexão, construção e autoavaliação constituem a base do porta-fólio;

... há que se estabelecer um diálogo profundo com a concepção do porta-fólio;

... o porta-fólio é um processo de construção do conhecimento acompanhado de constante reflexão sobre a relação entre o embasamento teórico e a prática do professor.

Segundo a percepção dos mediadores, os principais aspectos facilitadores da construção do portfólio pelos professores-alunos eram os seguintes:

- o diálogo, a troca de experiência entre colegas e mediadores;
- o estudo dos textos do Ivanildo e da Benigna e a palestra da Carmyra;
- a constante reflexão sobre o trabalho e os saberes adquiridos;
- o prazer de ter, num mesmo instrumento, a visão total do que ele [professor-aluno] vinha produzindo e de como vinha crescendo;
- a parceria dentro da turma [troca de experiências];
- a proposta de construir o portfólio a cada dia e sem atropelos;
- a liberdade de poder escrever por meio de diferentes linguagens;
- o incentivo proporcionado pela coordenação geral;
- o contato com livros, artigos e documentos que complementam os módulos;
- o fato de o professor-aluno poder escolher a formatação do seu portfólio [estética] e o que vai inserir como material complementar;
- a vivência do processo;
- com o segundo grupo de professores-alunos, a compreensão por parte do mediador acerca da construção do portfólio;
- a liberdade de expressão, a exposição dos trabalhos realizados e o estabelecimento do vínculo entre teoria [PIE] e prática pedagógica;

- a possibilidade do trabalho transversal com temas;
- a não linearidade temporal da construção do portfólio;
- a processualidade [o trabalho sendo analisado durante o processo];
- a autonomia e a parceria, porque, ao mesmo tempo em que os professores-alunos exercem sua autonomia, "sentem-se cúmplices uns dos outros e isso gera segurança no grupo";
- o trabalho de mediação;
- o acompanhamento dos próprios avanços;
- a experiência vivida nos semestres anteriores;
- a elaboração do diário de bordo.

Quatro aspectos facilitadores foram apontados com mais frequência: 1) o estudo de textos de apoio; 2) as discussões realizadas em grupos, com a participação dos mediadores; 3) a palestra sobre o uso do portfólio apresentada pela professora Benigna; 4) a formulação de propósitos e descritores. As várias referências a estes últimos incluem: a) sua própria existência; b) as discussões sobre eles; c) a participação no processo de sua formulação; d) a compreensão hoje existente sobre eles. Uma mediadora ressaltou que o trabalho de construção do portfólio com o segundo grupo de professores-alunos estava sendo facilitado pelo fato de eles (mediadores) já terem a compreensão formada sobre o que se pretendia: "a compreensão do propósito do curso e da avaliação formativa".

3. "A gente faz o portfólio pensando em quem vai avaliar"

Segundo a percepção dos mediadores, a falta de tempo para a construção do portfólio estava sendo a maior dificuldade encontrada pelos professores-alunos (recebeu 11 referências), seguida da resistência para escrever, porque "os professores de modo geral não gostam de escrever". Assim, "as primeiras reflexões são muito superficiais; com a continuação é que vão superando essa barreira". Concorrem para isso as dificuldades de "decidir autonomamente sobre evidências de aprendizagem que farão parte do portfólio", de "produzir (em oposição ao reproduzir que foi vivenciado em toda a sua vida escolar)" e de "escrever as próprias ideias". Outro entrave diz respeito ao fato de os professores-alunos estarem "presos às amarras da avaliação tradicional que mensura" e à "falta de costume de avaliar suas próprias produções" e de "escrever e registrar". Afirma uma mediadora: "A avaliação formativa/processual é ainda um desafio muito grande, pois não passamos por ela e agora que temos a oportunidade nos sentimos cheios de dificuldades". Foram indicadas outras dificuldades de aceitá-lo como instrumento de avaliação:

- falta de costume de avaliar suas próprias produções;
- a preocupação em ter um "modelo" preestabelecido;
- a resistência por não haver uma receita;
- falta de leitura;
- incompreensão do que pode e do que não pode ser incluído;
- entendimentos diversos sobre o portfólio por parte dos mediadores;
- resistência ao novo;
- muito trabalhoso, "já que a reflexão é parte de todas as atividades propostas";
- sobrecarga de trabalho;
- falta de entendimento por parte dos próprios mediadores;
- apresentação de forma padronizada;
- avaliação subjetiva do mediador;
- falta de compreensão dos propósitos e dos descritores de avaliação;
- visão diferenciada do portfólio;
- não compreensão do princípio da reflexão;
- falta de contato com o tutor;
- a concepção ainda arraigada da avaliação tradicional;
- falta de prática reflexiva para redigir, escrever, analisar, autoavaliar;
- dificuldade em produzir textos por não estudarem [formalmente] há muitos anos;
- o fato de os mediadores não terem vivenciado a construção de um portfólio;
- desconhecimento do que seja um portfólio na educação.

Em síntese, parece que a avaliação por meio do portfólio tem trazido insegurança gerada pela compreensão já incorporada de que a avaliação que visa dar nota e aprovar e reprovar é a que é séria. Além disso, parece permanecer a resistência a um procedimento que exige mais trabalho por parte do aluno, já que ele tem de construir, refletir sobre o que faz, analisar, buscar informações complementares, acompanhar e avaliar seu progresso, registrar suas produções, com vistas a conquistar sua autonomia intelectual. Em um primeiro momento, esse processo assusta porque é trabalhoso e de grande responsabilidade. Para o aluno é tão natural aceitar pacificamente a avaliação que lhe é imposta que, ao ter a chance de ser o sujeito de sua aprendizagem, "faz o portfólio pensando em quem vai avaliar" e não no seu progresso. A superação da avaliação classificatória, seletiva e excludente continua sendo, então, um desafio.

Uma mediadora afirma que os professores-alunos com quem trabalhava havia três semestres diziam que se estressavam ao construir o portfólio, porque ele "não condiz com o esforço empreendido". Esse é um aspecto a ser analisado pelos mediadores. Esse sentimento é geral? Por quê?

Outra mediadora apresentou um aspecto dificultador: "A avaliação subjetiva do mediador. Eles [professores-alunos] reclamam que dão o máximo de si, mas este máximo está representando o mínimo para o mediador. *Percebo que existe uma lacuna nesta avaliação, mas não sei qual é*" (grifo da pesquisadora).

4. Contribuições do portfólio para a formação dos professores-alunos: "Transformação de nossas crenças, de nossos valores e de nossa atuação profissional"

Os mediadores entendiam que a construção do portfólio, naquele momento, trazia as seguintes contribuições para a formação dos professores-alunos:

- visão ampliada de avaliação;
- vivência de avaliação processual e diferente da que eles conheciam e praticavam em suas salas de aula;
- registro do amadurecimento pedagógico;

- o constante "pensar" sobre a ação;
- inovação em termos de avaliação;
- ampliação da compreensão de trabalho pedagógico;
- mudança do olhar sobre a avaliação;
- a prática da autoavaliação;
- desenvolvimento da capacidade de pesquisa e leitura de materiais diversos;
- reflexão sobre os aspectos que precisavam ser melhorados;
- estabelecimento de relação com sua prática pedagógica;
- reflexão sobre temas do curso;
- busca de perspectiva de avaliação menos punitiva;
- construção da autonomia intelectual e profissional;
- troca de experiências;
- desenvolvimento da criticidade, sem medo de expressar-se;
- geração de produção escrita dos professores-alunos e de auto-organização de suas ideias;
- reflexão sobre a relação entre objetivos e avaliação na educação;
- aprimoramento da prática pedagógica por meio da reflexão que o portfólio desencadeia.

O depoimento a seguir sintetiza os demais:

A contribuição da reflexão e da autoavaliação. Essa é uma das raras oportunidades que o professor-aluno tem de acompanhar, ter o registro do seu crescimento, de perceber sua mudança de conceitos, paradigmas. *Acredito que sem o porta-fólio tal fato passaria quase despercebido.* (Grifos da pesquisadora)

Dos 36 mediadores que responderam ao questionário, 18 afirmaram ter notícias de que já havia professores-alunos começando a adotar o portfólio com seus alunos, ainda de forma incipiente: portfólio da produção de textos, de projetos do desenvolvimento da escrita pela criança em processo de alfabetização etc. Uma mediadora relatou que o "maior medo e dificuldade de alguns deles é investir na autonomia do aluno e se perder nesse processo". Percebe-se nessa e em outras falas a menção ao medo, que parecia aliar-se ao medo de errar. Esse sentimento ainda estava presente entre mediadores e professores-alunos. Conclui-se, então, que a avaliação tradicional e suas marcas ainda eram fortes no trabalho pedagógico que se desenvolvia, no momento da coleta de dados.

Encontraram-se, também, depoimentos revelando que havia professores-alunos usando o diário reflexivo com seus alunos, em busca de um "processo avaliativo mais participativo".

Havia professores-alunos solicitando ajuda dos mediadores para o uso do portfólio com seus alunos. Observou-se, assim, a existência de um início de impacto do processo avaliativo do PIE no trabalho pedagógico sob a responsabilidade dos professores-alunos.

Por outro lado, "há ainda resistência em abandonar as 'provas' nas outras séries" (da 2ª à 4ª série). Percebe-se, nesse depoimento, uma compreensão incompleta do trabalho com o portfólio porque, na verdade, ele não rejeita o uso de provas; elas podem até fazer parte dele. Notou-se a necessidade de discussão da concepção de avaliação formativa, na qual se insere o portfólio.

Segundo uma mediadora, "alguns relatos pelos professores-alunos demonstravam que muitos faziam uma 'coletânea de atividades' dos alunos e que pensam agora em ampliar essa ideia para chegar ao portfólio".

5. Dentre dificuldades e facilidades, "uma dificuldade imensa de não comparar as pessoas e suas produções"

Ao serem indagados sobre como se sentiam ao avaliar o trabalho de cada professor-aluno por meio do portfólio, admitindo ainda enfrentar muitas dificuldades, a maioria dos mediadores respondeu:

... sobrecarregada com muitos textos para apreciar e não conseguindo identificar qual a dificuldade do professor-aluno para poder auxiliá-lo;
... cansada, exausta em ter um excessivo número de cursistas para avaliar;
... com o tempo escasso; a maior dificuldade é a correção dos textos;
... insegura, pois também eu sou fruto de um processo de avaliação

tradicional; [o processo] pressupõe uma construção do cursista e a avaliação é subjetiva;

... com medo de não estar coordenando bem o processo, de não estar oferecendo observações que contribuam para o desenvolvimento do ursista, de não estar avaliando corretamente, de não estar sendo justa; ... a minha maior dificuldade é quando tratamos desse assunto todos do PIE, pois parece que ninguém entende de portfólio e fica aquela guerra de concepções. No começo quase enlouqueci.

Cabe ressaltar que uma das preocupações iniciais dos mediadores foi o fato de eles próprios nunca terem construído um portfólio; no processo, explicou um deles, "a minha percepção foi crescendo à medida que iam surgindo os textos, as análises, e o medo foi embora; acredito que a cumplicidade com o cursista tenha contribuído".

Uma mediadora afirmou:

No início, era tudo muito novo, o medo de errar era enorme e o que foi garantindo uma maior segurança/autonomia foi a discussão coletiva, o estudo e o processo cotidiano de troca/socialização dos trabalhos; a orientação inicial foi muito sofrida. Hoje é tudo mais tranquilo; muitos desafios ainda se fazem presentes, mas um pouco de conhecimento e de experiência que temos já nos permite avanços significativos e de qualidade.

Muitos outros depoimentos confirmaram a percepção acima, embora ainda houvesse dificuldades, segundo os relatos.

O depoimento de uma das mediadoras quanto ao que sentia ao avaliar o trabalho do professor-aluno por meio do portfólio parece resumir o sentimento geral:

Às vezes, co-partícipe da construção que o professor-cursista realizou; outras vezes, emocionada com a beleza das reflexões registradas, com as produções das crianças e a importância do processo desencadeado com o curso PIE na rede pública. E com uma dificuldade imensa de *não comparar as pessoas e suas produções*. (Grifos da pesquisadora)

Uma das grandes angústias é o que os mediadores chamaram de "transformação do processo em menção", para atender às normas da UnB.

Seis mediadores explicitaram essa dificuldade. O relatório descritivo individual deveria retratar o desenvolvimento do professor-aluno, esclareceu um dos mediadores.

Um dos mediadores assim definiu sua angústia:

> Confesso que, em alguns momentos, sinto-me numa verdadeira "camisa de força", pois, para muitos professores-alunos, tem sido inevitável seguir determinados "modelos" que são expostos no final de cada semestre. Existe o risco real de o portfólio tornar uma espécie de "enlatado", sem alma e essência.

Os seguintes aspectos resumem as dificuldades do grupo de mediadores em avaliar o desempenho do professor-aluno adotando o portfólio: ser um processo novo para ele, que valoriza o progresso individual e grupal, não permitindo que se comparem pessoas e suas produções, e, na situação atual, a exigência de atribuição de menções. Quanto ao primeiro aspecto, uma mediadora que frequentou uma disciplina do curso de mestrado em Educação como aluna especial, oportunidade em que pôde construir seu portfólio, afirma que, após isso, sentiu-se "credenciada para apreciar o portfólio do outro".

Quanto ao segundo aspecto, salienta-se que o portfólio insere-se na avaliação formativa, comprometida com a aprendizagem do aluno e não com sua aprovação por média, tendo ou não aprendido. A Lei de Diretrizes e Bases da Educação Nacional (lei nº 9.394/96) não exige notas, menções ou conceitos, mas algumas instituições educacionais, principalmente as de nível superior, ainda mantêm essa exigência em seus regimentos. Daí a dificuldade de desenvolver processo avaliativo para promover a aprendizagem de todos em um contexto em que, ao final, tudo se transforma em nota. Será difícil reverter essa situação, porque cada vez mais a sociedade valoriza a competição e a nota é seu legítimo representante. O próprio Ministério da Educação refere-se ao aluno "nota 10". Hoje, quando alguém quer dizer que algo é muito bom afirma: "Isso é 10!".

A fundamentação teórica sobre o trabalho com o portfólio ainda está em processo de construção pelo grupo, o que continua causando insegurança. Observa-se que muitos mediadores convivem com o sentimento de "amor e ódio", como foi relatado.

Três mediadores manifestaram sua segurança em avaliar por meio do portfólio desde o início do curso. Assim eles se expressaram:

> Após ter compreendido a proposta, senti-me extremamente segura ao avaliar, até porque a avaliação aconteceu num processo de discussão permanente com a turma e com cada aluno em particular.
>
> A avaliação processual é mais fácil que a final – pontuar é muito difícil, pois o porta-fólio por si só não permite tal pontuação e sim apreciação. O que é possível avaliar é o comportamento do professor-aluno em relação à construção deste (psicológico/sociológico).
>
> Desde o início, sem nunca ter passado por essa experiência com o portfólio, eu senti muita segurança em avaliar os cursistas, porque as produções e atividades, ou seja, o seu desenvolvimento estava demonstrado e organizado para todos que quisessem ver: a mediadora, o cursista, os colegas, a família, a coordenação do PIE.

O segundo depoimento parece revelar incompreensão do(a) mediador(a) quanto à avaliação do portfólio, porque, na sua percepção, avalia-se o comportamento do aluno. Constitui um ponto a ser revisto.

Algumas atitudes e manifestações de segurança e de prazer com o trabalho, embora em menor número, foram apontadas:

> ... feliz em ver muita beleza, muita reflexão e de presenciar muita transformação pedagógica;
> ... segura; todo o processo está lá descrito. Dá mais trabalho, mas o resultado tem muito mais significado e espelha melhor a aprendizagem de cada aluno;
> ... o portfólio no PIE é a concretização das ideias que eu intuitivamente já realizava na Escola Normal;
> ... sinto que minha atuação tem melhorado a cada semestre.

6. O mediador como coordenador do processo de construção do portfólio: "Guerra de concepções"

Um dos mediadores fez um alerta: "O portfólio não pode ser considerado uma panaceia. É preciso que o PIE (professores-alunos, mediadores, coordenação) se permita pensar modificações no portfólio além de outras formas de avaliar". E acrescentou: "Já foi pior [a sua atuação]!!! No entanto, nesse semestre, estabeleci um 'contrato didático' com as turmas no sentido de privilegiar mais o portfólio. Acredito que, apesar das minhas limitações, o trabalho tende a melhorar".

Ao serem indagados sobre como analisavam seu trabalho de coordenação da construção do portfólio pelos professores-alunos, os mediadores afirmaram que ainda conviviam com insegurança e incertezas:

... faltam habilidades para fazer uma avaliação dessa amplitude. Percebo que tenho que administrar uma diversidade de aprendizagens e não temos tanto tempo;
... extremamente difícil, pois acho que temos uma tendência a comparar as pessoas e suas posições;
... difícil, porém, interessante e prazeroso;
... em construção, muitas aprendizagens e muitas dúvidas;
... com muitas dificuldades, mas avançando;
... procuro me colocar como parceira, ou seja, aquela pessoa que vai fazer uma avaliação do trabalho mas que, principalmente, vai ajudar e até indicar os caminhos para o cursista aprimorar o seu trabalho;
... tento ser cúmplice das construções e ajudar, provocar e desafiar as ideias e/ou projetos que eles já trazem;
... junto com o grupo vamos construindo o portfólio;
... analiso ainda com muita desconfiança no que se refere ao conceito, se realmente é esta orientação. A minha maior dificuldade é quando tratamos desse assunto todos do PIE, pois parece que ninguém entende de portfólio e fica aquela guerra de concepções;
... tenho procurado aplicar os princípios que norteiam o portfólio, sobretudo o da reflexão e o da parceria. Acredito estar desenvolvendo um bom trabalho, que tende a melhorar sempre;
... faço a apreciação do portfólio em conjunto com o professor-aluno e estabelecendo os critérios com a turma;
... atendo individualmente os professores-alunos dando sugestões. Penso ser esse o meu papel;
... fico insegura em alguns momentos, mas tento retomar e encaminhar o trabalho, acreditando estar contribuindo significativamente para a formação do professor-aluno;
... percebo estar mais segura para orientar o meu grupo. Sempre que há alguma insegurança ou equívoco relacionado com a construção do portfólio, retomo com o grupo;

... estou vivenciando um processo novo e tudo o que é novidade iniciamos de maneira tímida, mas estamos caminhando muito bem;
... sinto-me co-participante neste processo e com uma responsabilidade enorme. Muitas vezes sinto-me insegura diante de tantas temáticas para desenvolver e chego a adoecer de tanta preocupação (...) quanto à realização dos encontros para mim é bastante prazerosa;
... vejo como relevante! Estou ao mesmo tempo dando elementos técnicos, de apoio a essa produção; como mediação/PIE é também um elemento de excelência na construção desse trabalho;
... suporte, orientação, acompanhamento. Devemos estar muito seguros, dialogar com o professor-aluno sobre a sua produção;
... faço anotações das considerações prévias da construção e oportunizo momentos de socialização dos grupos com suas ideias e construções prévias;
... fico no dilema entre ser autoritária (nortear, definir), estabelecendo o que desejo que seja registrado, e entre ser mais flexível, deixando a cargo dele que faça tal registro;
... sinto que o fato de dividir responsabilidade, de crescer junto com o cursista, de orientá-lo e me sentir parte do processo é fundamental para que eu esteja sempre refletindo sobre os pontos em que avancei e sobre os que ainda posso avançar.

Um dos depoimentos é bastante significativo: "Na primeira turma, foi um trabalho superficial, apesar de ter obtido resultados altamente satisfatórios. Na segunda turma, o trabalho está mais centrado em aprofundar a discussão e acompanhar a construção individual".

Também nesse item do questionário foi frequentemente citada a situação de insegurança em que a maioria dos mediadores se encontrava para coordenar o processo de construção do portfólio.

Foram apontados pelos mediadores os aspectos que estavam facilitando sua atuação como coordenadores do processo de construção do portfólio pelos professores-alunos:

- a parceria entre mediador e professor-aluno;
- leituras e discussões;
- tutoria com a professora Benigna;
- o trabalho em grupo e a avaliação coletiva;
- diálogo com os cursistas;
- entusiasmo dos professores-alunos;

- relacionamento da prática com a teoria;
- o portfólio como processo;
- a formulação de propósitos para o portfólio;
- dedicação quase exclusiva ao PIE;
- o acompanhamento das duas turmas na discussão;
- empenho da maioria dos cursistas;
- a fundamentação teórica quanto à avaliação formativa;
- a definição dos propósitos e descritores;
- acompanhamento semanal;
- ter construído um portfólio.

É importante registrar que um dos mediadores afirmou não ter conseguido ver, até aquele momento, "algo que tenha facilitado esse trabalho".

Os mediadores também apontaram os aspectos que estavam dificultando sua atuação:

- discussões/orientações ainda insuficientes;
- a grande quantidade de textos a ser apreciada e a variedade de temas desenvolvidos durante o semestre;
- atendimento a número grande de professores-alunos;
- convivência com um processo inovador de avaliação e a necessidade de se atribuírem menções;
- enfrentar a resistência de alguns professores-alunos;
- não ter experiência de regência em turmas de séries iniciais;
- a adoção de "modelos", pois, ao que parece, isso se tornou uma espécie de regra no PIE;
- espaço ainda insuficiente de discussão entre os mediadores;
- a própria formação;
- o fato de nunca ter construído um portfólio foi a dificuldade inicial;
- as comparações feitas pelos próprios cursistas quanto à diferença de exigência dos mediadores (isso fica nítido durante as duas exposições já realizadas);

- a não construção do portfólio pelos mediadores no curso de especialização;
- enfrentar a subjetividade da avaliação;
- lidar com a autonomia do professor-aluno para construir o portfólio: orientar, determinar, sugerir etc.;
- momentos insuficientes para acompanhamento do processo;
- o fato de muitos professores-alunos não estudarem há muito tempo;
- a resistência de alguns professores-alunos;
- sua não utilização pelas escolas de educação fundamental;
- a não compreensão de alguns componentes, como reproduções e o eixo integrador;
- tempo reduzido para dialogar oralmente com cada cursista.

As dificuldades mais apontadas foram a) o grande número de professores-alunos sob a responsabilidade de cada um; b) a variedade de temas abordados pelos módulos, relacionados a diferentes áreas do conhecimento, e o fato de eles não dominá-los; c) o fato de eles próprios não terem construído anteriormente um portfólio.

7. Necessidades/sugestões

Várias necessidades para aprimoramento do trabalho foram indicadas:

- aprofundamento das discussões sobre o portfólio nas coordenações e tutorias;
- mais leituras e discussões sobre avaliação, portfólio, papel do professor e de toda a escola;
- indicação de textos e livros sobre avaliação e sobre portfólio;
- discutir mais sobre a avaliação para depois introduzir o portfólio;
- "investir na autonomia com vistas à transformação", de modo a "tornar o aluno sujeito do processo de avaliar";
- associar a discussão sobre o uso do portfólio ao trabalho pedagógico que lhe corresponda;

- socializar as experiências dos alunos;
- "palestra com a professora Benigna sobre organização do trabalho pedagógico, avaliação e portfólio" (para os professores-alunos);
- "precisamos, como grupo, trabalhar mais com o portfólio para que possamos melhorar nosso entendimento a respeito desse processo avaliativo. Precisamos ter uma linha de acompa-nhamento que caracterize o curso e não o mediador";
- "penso que existem várias concepções de avaliação entre nós mediadores do PIE e que talvez tenhamos que discutir mais profundamente para que os professores-alunos não sintam tanta diferença entre uma avaliação de um semestre e outro".

As duas últimas necessidades demonstram que não se muda por "decreto" um processo avaliativo já arraigado, isto é, por decisão de alguém. São essenciais: a fundamentação teórica que embase a formulação da concepção de avaliação formativa, a definição dos objetivos a alcançar, a seleção dos procedimentos adequados e a discussão por parte do grupo, de modo que haja unidade (não uniformidade) de ação e se adote a postura de avaliador desejada.

Observou-se que o grupo ainda não se sentia seguro para coordenar o trabalho de construção do portfólio, que se insere na avaliação formativa, processo que se contrapõe aos objetivos que a avaliação ainda vem cumprindo. O grupo já vinha construindo sua compreensão sobre ele, mas os depoimentos indicam que ainda faltava um longo caminho a ser percorrido. Palestras, leituras e discussões foram amplamente solicitadas.

Como a coleta dessas informações entre os mediadores foi realizada quando eles já trabalhavam havia três semestres com o primeiro grupo de mil professores-alunos e recebiam o outro grupo de mil, foi-lhes perguntado o que seria necessário levar em conta para dar início ao trabalho pedagógico que adotasse o portfólio como processo avaliativo. As respostas indicaram ser necessário considerar:

- a importância do portfólio e as peculiaridades de sua construção;
- que o grupo precisa sentir-se estimulado a construí-lo;
- que o mediador precisa sentir-se parceiro na construção de cada portfólio;

- a definição de um tempo para o acompanhamento presencial;
- a autonomia como suporte para tornar o aluno sujeito nesse processo de avaliar;
- as características do trabalho pedagógico que se quer desenvolver, para não haver incoerência;
- experiências concretas com o portfólio e evidenciar suas vantagens;
- a necessidade de aprofundamento teórico com os alunos;
- que a avaliação da construção do portfólio deve ser feita durante sua construção;
- o respeito à autonomia;
- o acompanhamento sistemático das produções e não uma única avaliação ao final, com vistas ao crescimento individual;
- o interesse e a motivação pela adoção do portfólio;
- apresentação de mais esclarecimentos desde o início;
- o fato de que a maioria dos professores-alunos não conhece o portfólio;
- o referencial teórico;
- a não obrigatoriedade da sua construção;
- orientação adequada e acompanhamento sistemático para que não seja um amontoado de registros;
- que o coordenador da construção do portfólio deve também construir o seu;
- as representações anteriores sobre a avaliação e, se for o caso, a necessidade de sua desconstrução;
- a necessidade de criação de mecanismos para que outras linguagens, além da escrita, sejam utilizadas;
- que o portfólio faz parte da avaliação formativa.

Um dos mediadores fez as seguintes recomendações: a) entender o portfólio como criação pessoal; b) rejeitar qualquer padronização; c) realizar reflexões baseadas não apenas nos módulos; d) produzir textos relacionados com sua essência; e) destacar a importância da criatividade. Acrescentou a necessidade de entender que "as pessoas não são máquinas; o horário não é o único fim do curso; as 'coisas' mudam; as pessoas precisam da cultura do máximo e não do mínimo".

Concluída a primeira parte da pesquisa, destinada a coletar as percepções dos mediadores sobre o trabalho com o portfólio desenvolvido até aquele momento, a eles e aos coordenadores do curso foram apresentados, em forma de sinalizações provisórias, os dados coletados, organizados e analisados, acompanhados das seguintes questões, para sua análise e providências:

1. Como passar da avaliação tradicional para a avaliação formativa em cursos de formação de professores, em termos de teoria e prática?
2. Como vencer as barreiras historicamente impostas pela avaliação tradicional?
3. Em vários relatos, o portfólio recebeu a designação de "instrumento". Estaria ele sendo considerado apenas um "instrumento" de avaliação? Se isso estivesse acontecendo, toda a riqueza de que ele pode se revestir estaria sendo perdida e uma grande chance de superação da avaliação autoritária, classificatória e excludente estaria sendo jogada fora.
4. Uma das dificuldades apontadas com frequência foi a impossibilidade da convivência do portfólio com o sistema de menções adotado pela UnB. Isso é realmente impossível? Se não é, o que se pode fazer?
5. Até que ponto as reações dos professores-alunos não refletiam, também, o sentimento dos mediadores?
6. A fundamentação teórica inicial sobre o trabalho com o portfólio salienta que sua utilização faz com que, com o passar do tempo, ele deixe de ser um simples procedimento de avaliação e passe a ser o eixo organizador de todo o trabalho. Essa possibilidade estava sendo alcançada?

Para que o portfólio cumpra o objetivo de promover a aprendizagem do professor-aluno do PIE por meio da construção, da reflexão, da criatividade, da parceria, da autoavaliação e da autonomia, deve inserir-se num trabalho pedagógico que considere esses mesmos princípios. O grupo de mediadores está se fundamentando, por meio de leituras e discussões, para orientar com segurança a construção do portfólio. Levando em conta que uma das queixas foi o fato de o mediador nunca ter construído um portfólio, um passo significativo poderá ser a construção do portfólio do trabalho pedagógico da turma sob a responsabilidade de cada mediador, porque esse processo coletivo poderá trazer contribuições para o trabalho de cada professor-aluno e do mediador (Villas Boas 2003, p. 131).

Os sujeitos da segunda parte da pesquisa foram 140 dos mil professores-alunos que compunham o primeiro grupo de entrada no curso, com o objetivo de analisar: a) como se sentiam ao ser avaliados por meio do portfólio; b) as possibilidades e as limitações do trabalho com o portfólio; c) as contribuições do uso do portfólio para o desenvolvimento de todo o curso; d) as contribuições do uso do portfólio no curso para a avaliação praticada nas escolas onde atuavam; e) os aspectos do trabalho com o portfólio que precisavam ser melhorados.

Os dados coletados foram agrupados em 11 itens de análise: 1) os professores-alunos se sentiam "bem" construindo o portfólio; 2) os professores-alunos resistiram no início, mas já aceitavam o trabalho com o portfólio; 3) os professores-alunos se sentiam "incomodados" ou não consideravam útil o portfólio; 4) portfólio x prova; 5) portfólio e autoavaliação; 6) repercussão no trabalho pedagógico com os alunos das escolas onde atuavam os professores-alunos; 7) portfólio e criatividade; 8) aspectos facilitadores da construção do portfólio; 9) aspectos dificultadores da construção do portfólio; 10) é o momento de se reverem entendimentos; 11) esse processo é bom, mas...

1. Os professores-alunos se sentiam "bem" construindo o portfólio

Apresentam-se alguns dos depoimentos dos professores-alunos que disseram sentir-se "bem" usando o portfólio:

> Respeitada, porque no portfólio estou demonstrando meus avanços de forma processual, autônoma e sem me sentir pressionada por provas psicométricas.

Satisfeita, pois o trabalho com o portfólio demonstra realmente nossas ações-reflexões e o que realmente "aprendemos". Não nos sentimos pressionados...
Bem, pois me percebo mais importante no processo avaliativo.
Me sinto muito bem, porque nesse espaço posso demonstrar o que aprendi através dos textos, da prática, das críticas, das reflexões e da troca de experiências.
Me sinto bem, pois consigo passar exatamente como sou. O meu portfólio é um retrato da minha vida.
Muito bom. Além de ser um trabalho muito pessoal, me trouxe ao encontro comigo mesma.
Para mim não incomoda, já que acredito que o portfólio não é para *medir* meu trabalho e sim para me direcionar a refletir, aplicar, questionar e transformar minha prática pedagógica. Fomos educados de forma tradicional, sem reflexão, e refletir hoje sobre o que faço em sala de aula já é um grande passo no fazer pedagógico.
Me sinto bem tranquila, porque é uma avaliação mais ampla, que abrange o meu desenvolvimento cotidiano.
Me sinto bem e valorizada, porque o conhecimento não estará fragmentado. O todo será analisado no dado momento. Apesar de o processo ser contínuo, no período de trabalho do módulo, o porta-fólio estará contemplando todas as aulas e todo o módulo.
Eu gosto. Tudo que vai para o portfólio é muito importante para mim. É amado, admirado e muito íntimo/pessoal.
À vontade. Mostro a minha produção feita durante o semestre, para ser avaliada. Como são muitas reflexões, me sinto à vontade para expor minha opinião.
Gosto de ver meu crescimento apreciado, minhas tentativas, mesmo que algumas vezes frustradas, diante dos erros. Sinto-me motivada a melhorar, a buscar, a pesquisar. Adoro compartilhar minhas experiências!
Gostei muito, principalmente pela autonomia.
Grande satisfação com todo o processo. Lembro-me do primeiro semestre, quando estava passando por uma fase muito difícil na área de saúde na família. E era *obrigada* a realizar as avaliações do curso no dia e na hora marcados, sem levar em conta meu estado emocional. Depois passei a fazer as atividades no meu tempo, hora e local e quando estava disposta e com a mente tranquila. E assim é o portfólio.
Acho interessantíssima a construção do portfólio, pois permite a visualização e a exposição da construção e da reelaboração do conhecimento.
Sinto-me tranquila sendo avaliada dessa forma, pois nele eu armazeno aquilo que realmente aprendi e não algo que me forçaram a decorar ou memorizar. Nele colocamos ou expressamos de forma dinâmica e personalizada nosso conhecimento.
Sinto que estou constantemente em expansão.

Sou avaliada por uma metodologia de ponta. O processo do portfólio gera inquietação e até desconforto, tamanho é o sentimento de reflexão acerca de tudo que nos é ensinado. Nós, alunos do PIE, não aceitamos mais o conhecimento como algo pronto e acabado, que deve ser transmitido, e sim o conhecimento como algo a ser construído continuamente, renovando-se sempre.

O depoimento acima, além de demonstrar concordância quanto ao uso do portfólio como procedimento de avaliação, ressalta o entendimento da necessidade de participação do aluno na construção do conhecimento.

Eu gosto, apesar de sofrer muito ao construí-lo. O portfólio é um instrumento que vai muito além de uma mera nota. Ele abala a estrutura mental, física, familiar, financeira, ocupa muito o tempo de quem o realiza e ainda exige muito estudo. Mas o considero muito válido, pois dá condições de quem avalia considerar o avaliado como um todo.

Esses depoimentos revelam sentimentos e percepções variados. Um deles é a ideia de que esse procedimento de avaliação é um "trabalho muito pessoal", "amado, admirado e muito íntimo/pessoal", "retrato da minha vida", desenvolvido de "forma personalizada". Até certo ponto isso é bom, por mostrar a dimensão afetiva que está presente no desenvolvimento do trabalho. Por outro lado, essa percepção não pode permitir que o portfólio do curso seja entendido como um "diário íntimo" do seu autor, para ser lido somente por ele, não devendo ser avaliado pelo mediador. Não é esse o propósito da adoção do portfólio no PIE. Contrariamente a essa percepção, aparece a de que a construção do portfólio "permite a visualização e a exposição da construção e da reelaboração do conhecimento". São questões que ainda devem ser exploradas pelos mediadores e professores-alunos.

Os professores-alunos parecem estar conscientes de que o portfólio é construído por meio de muito trabalho por parte deles.

Uma das pessoas que deram depoimento declara que o portfólio tem a vantagem de atender ao ritmo de trabalho de cada professor-aluno. Usa-se a expressão "trabalho com o portfólio", indicando sua processualidade.

Houve mais referências positivas ao trabalho com o portfólio do que demonstrações de resistência e insatisfação. Observou-se que as palavras/expressões mais usadas foram: "sinto-me bem", "satisfeita(o)", "respeitada(o)", "tranquila(o)", "à vontade", "valorizada(o)". Estão presentes nos depoimentos, implícita ou explicitamente, os princípios da construção, da reflexão, da criatividade, da parceria, da autoavaliação e da autonomia.

2. Os professores-alunos resistiram no início, mas já aceitavam o trabalho com o portfólio

Eis alguns dos depoimentos que revelam esse sentimento:

Demorei um semestre para dar o valor correto, já que a prova estava arraigada na avaliação. Hoje reconheço que aprendo mais, cresci como profissional que participa efetivamente desse processo.
Inicialmente me sentia muito insegura e à mercê da avaliação de um mediador. Hoje já estou mais tranquila, pois até aqui sei que não foram injustos comigo.
A princípio, houve resistência, mas com o melhor aprofundamento sobre o portfólio, as barreiras foram sendo vencidas de modo que a avaliação passou a ter um sentido mais amplo, proporcionando um acompanhamento do meu crescimento pessoal e profissional.
No início do curso, péssima. Fazer uma prova seria mais fácil, não teria que pesquisar e observar como se dá a construção do conhecimento entre as crianças a partir de fundamentos teóricos. Seria mais cômodo. Hoje me sinto feliz, porque demonstro aprendizagem usando diversas linguagens (desenhos, música, questionamentos etc.). É trabalhoso porque envolve constante pesquisa, mas é gratificante.
Ora bem, ora ruim, pois nem todos têm a percepção do valor do trabalho.
No início resisti bastante, fiquei insegura, mas, atualmente, me sinto mais tranquila e com mais autonomia para decidir o que quero e como quero.
Mas ainda me assusta a avaliação que o outro vai fazer do meu trabalho, que é o mediador. Já tive o dissabor de ter meu trabalho mal avaliado.
Esse processo de avaliação ainda não me deixa totalmente à vontade.
Percebo que estou crescendo pedagogicamente, mas isso não se deve ao portfólio e sim à consciência e à crítica pessoal.

A avaliação tem sido objeto de discussões e de mudanças nos últimos anos. Tudo indica que os professores-alunos foram submetidos, anteriormente, a práticas avaliativas autoritárias, punitivas e excludentes.

Era de esperar que, ao terem a chance de vivenciar sistemática de avaliação voltada para romper com a prática tradicional, muitos deles se sentissem inseguros.

3. Os professores-alunos se sentiam "incomodados" ou não consideravam útil o portfólio

Alguns dos depoimentos que revelam essa percepção são os seguintes:

Às vezes, me sinto como se alguém observasse meu interior; outras vezes, inibida em expor o que faço, por saber que outros estarão analisando meu trabalho.
Espionado, porque as produções e reflexões são muito pessoais para alguém dizer se está certo ou errado.
Acredito que ele deve ser mais um instrumento e não "o instrumento".
Deve ser avaliado em conjunto com outros, para uma avaliação mais completa e eficiente.
Acho que as discussões em sala devem ser tão valorizadas quanto o portfólio.
Eu acho que foi bem avaliado, embora não concorde que ele seja o único meio de avaliação, porque existem pessoas que não gostam de escrever ou não possuem a mesma facilidade que outras.
O porta-fólio como único meio de avaliação prejudica o aluno.
O portfólio é relevante, talvez o maior, mas gosto de ser avaliada por outros trabalhos, principalmente pelos seminários.
Me sinto só (com minhas reflexões). Porque minha construção ainda não atingiu o nível que eu gostaria.
Me sinto pressionada o semestre inteiro, angustiada. A impressão que se tem é que mesmo participando ativamente das aulas, se eu não conseguir materializar um portfólio criativo, que agrade ao meu mediador, vou estar sendo prejudicada.
Frustrada, porque, às vezes, eu não tenho tempo de colocar tudo o que realizei. Acho muito difícil escrever, isto é, registrar tudo dentro dos critérios da UnB.
Eu não gosto muito, porque é muito trabalhoso, mas quando ele está pronto, me orgulho dele e quero ter o meu esforço valorizado através da avaliação.

O depoimento acima parece expressar o entendimento de que somente o mediador avalia o portfólio.

Às vezes, insegura, pois nem sempre aquele que o observa tem as mesmas expectativas que eu.
É uma proposta interessante, mas é necessária uma sintonia com quem está avaliando, pois nem sempre os propósitos de quem avalia coincidem com os de quem é avaliado.
Depende do monitor que avalia. Já vi casos em que o monitor dá importância maior à forma (criatividade) do portfólio; isso eu considero injusto. Concordo com aqueles que avaliam o conteúdo, o crescimento que tivemos ao longo dos semestres, apresentados nas reflexões.
Não acho muito justo. Cada mediador tem seus próprios pontos principais, então, até hoje, eu não sei exatamente como ele deve ser elaborado, o que deve conter.
Sinto-me bem por ser uma avaliação qualitativa, mas há um enorme incômodo por termos que apresentar porta-fólios com atividades determinadas pelo mediador ou coordenação. Acredito que a função inicial e primordial desse instrumento é conter aquelas atividades que desenvolvi durante o processo e que julgo retratarem meu crescimento.
Acho que o porta-fólio está sendo, como outros instrumentos, desvirtuado para "facilitar/beneficiar" quem avalia.

Os depoimentos acima parecem revelar que o processo de avaliação do PIE ainda não está compreendido por todos. A reivindicação de que o portfólio não seja "o único instrumento" de avaliação é bem colocada e precisa ser analisada pelos coordenadores do curso. Os professores-alunos estão percebendo que o processo não está completo. Como serão consideradas as evidências de aprendizagem que não podem ser inseridas no portfólio, como a participação em seminários e as discussões em sala de aula, segundo eles próprios apontam, e outras? Têm razão os professores-alunos de desejar que ele se associe a outros procedimentos. Isso demonstra que estão se apropriando da intenção e do mérito do portfólio.

Como segundo aspecto, destaca-se o fato de o professor-aluno se sentir "espionado" e considerar suas produções tão íntimas que outra pessoa não deve avaliá-las. O objetivo da avaliação por meio do portfólio, no PIE, é possibilitar ao professor-aluno apresentar evidências de sua aprendizagem de maneira organizada, para que ele e o mediador, em parceria, analisem seu progresso. Portanto, o portfólio não deve assumir um formato tão íntimo a ponto de sua socialização causar constrangimento ao seu construtor. Ele foi adotado para substituir a avaliação tradicional. Não se podem desvirtuar as intenções da utilização do portfólio no curso. Ele de fato é de propriedade do aluno, não cabendo ao mediador ficar com ele ao final do curso. Porém, seu caráter é o de demonstrar o progresso do aluno. Deve ser considerado uma produção acadêmica cujo formato é decidido pelo aluno, para que ele e o professor, no caso o mediador, analisem seu progresso.

O terceiro aspecto incluído nos depoimentos parece ser a "angústia" que alguns professores-alunos estão vivendo. A avaliação desenvolvida quase exclusivamente por meio de provas já era tão conhecida, que substituí-la por um procedimento mais amplo parece estar causando insegurança. É bom lembrar que um dos princípios que norteiam o uso do portfólio é a parceria entre professor-aluno e aluno-aluno. O trabalho não deve ser solitário nem angustiante. O que se pretende é justamente praticar avaliação mais justa, isto é, que leve em conta todo tipo de produção do aluno, por meio de diferentes linguagens. Por parceria na avaliação entende-se que o professor deixe de ser o único avaliador e o aluno, o único avaliado. Isso requer mudança de postura avaliativa. Contudo, é preciso que fique bem claro: nova postura em avaliação não significa entender que agora tudo é aceito, de qualquer jeito; muito pelo contrário, é uma avaliação conduzida com mais rigor e seriedade. A apresentação de evidências de aprendizagem, por meio de diferentes linguagens, torna o processo mais rico e transparente e o aluno mais exigente quanto ao seu papel e ao do professor.

4. Portfólio *x* prova

> Creio ser melhor método (instrumento) de avaliação do que a prova, pois, ao construir o portfólio, é necessário que eu pesquise, reflita e busque entender o que estou fazendo. Além disso, percebo o quanto estou crescendo intelectualmente.
> Sinto-me mais bem compreendida, pois posso mostrar mais o quanto me dedico a buscar coisas novas, ao contrário das avaliações por provas.
> O portfólio é uma construção muito rica, embora muito mais trabalhosa do que estudar para uma prova e realizá-la. Isso causa angústia em alguns colegas.

Nos depoimentos acima, o portfólio é contraposto à prova. Cabe salientar que ele não é um substituto para a prova, porque é muito mais abrangente do que ela. Esta, aliás, não precisa nem deve ser abolida. Há momentos em que ela é necessária. No contexto da avaliação formativa, ela não pode ser o único procedimento adotado. Porém, não é o caso de rejeitá-la. Ela cumpre propósitos diferentes. Dependendo da situação, se ela for utilizada, será uma das evidências de aprendizagem a serem incluídas no portfólio ou poderá ser outro procedimento a compor o processo de avaliação.

5. Portfólio e autoavaliação

Ao se posicionarem sobre como se sentem ao ter seu trabalho avaliado por meio do portfólio, alguns professores-alunos dão indícios de que a autoavaliação está presente, como se pode perceber nos seguintes depoimentos:

> Muito bem, porque posso acompanhar e participar da minha avaliação.
> Satisfeito, pelo fato de ser avaliado de acordo com o que produzi, pois através do mesmo vejo meu crescimento a cada semestre.
> Sinto-me bem tranquila, pois esse trabalho tem feito com que eu perceba minhas dificuldades e através dele vou construindo caminhos para superá-las, onde percebo o meu crescimento como aluna.
> É um ótimo instrumento de avaliação. Ajudou-me a ser mais reflexiva e criativa.
> Valorizada, pois a avaliação é constante, reflexiva e favorece a construção do conhecimento, baseada numa autoavaliação autônoma, buscando parceria professor/aluno/mediador/tutor/comunidade escolar e desenvolvendo a criatividade.
> Valorizada, pois vejo que os caminhos que estou seguindo na minha prática pedagógica vêm melhorando a cada dia. Acho importante a construção do portfólio, pois nós estamos sempre trocando ideias, conhecimentos, experiências, e isso faz com que nosso trabalho melhore a cada dia.
> Aliviada, porque avalia o meu crescimento; avalia-me durante o processo, onde percebo em que preciso melhorar, de forma autônoma.

Para que o princípio da autoavaliação seja incorporado à aprendizagem dos professores-alunos, é preciso que haja reflexão teórica que fundamente seu uso, discussão sobre como ele é praticado no curso e discussão sobre como empregá-lo nas escolas onde atuam os professores-alunos.

Por outro lado, há depoimentos que revelam que esse princípio ainda não é vivenciado por todos:

Sinto-me satisfeita quando o portfólio é avaliado durante todo o processo e não só ao final, senão fica perdida a essência do mesmo, que é a continuidade. Só é preciso repensar a avaliação deste instrumento, para que não fique à mercê de um único professor/monitor.

Sinto-me insegura porque às vezes o que pensamos que estamos passando não é o esperado para aquele que lê. Às vezes, algo que para mim foi significante por demais não será para quem está avaliando, uma vez que o mesmo não pode viver na prática a construção daquele conhecimento.

Não acho bom porque ainda não domino a metodologia e por este motivo acho que sou avaliada abaixo do que realmente representa o meu conhecimento.

Meu trabalho é valorizado. Porque produzo para que as pessoas apreciem.

A autoavaliação é um dos princípios mais difíceis de ser alcançados, porque ela só começou a ser valorizada nos últimos anos. A avaliação sempre foi responsabilidade exclusiva do professor. Até mesmo para ele não é fácil abrir espaço para essa prática pelo aluno. Portanto, é preciso planejar o contexto da autoavaliação, para que se percebam seus propósitos e o que será feito com seus resultados. É importante insistir nessa prática em cursos de formação de profissionais da educação, para que eles façam uso dela em seu local de trabalho. O desenvolvimento dessa capacidade requer que os autoavaliados saibam por que e para que fazer isso. Eles precisam perceber que a autoavaliação auxilia a reorganização do trabalho pedagógico. A capacidade de autoavaliação é necessária para a formação de cidadãos capazes de inserção social crítica.

6. Repercussão no trabalho pedagógico com os alunos das escolas onde atuavam os professores-alunos

Já se apontam indícios de repercussão da avaliação por meio do portfólio nas turmas de alunos dos professores-alunos:

Acredito que o portfólio não é para medir meu trabalho e sim para me direcionar a refletir, aplicar, questionar e transformar minha prática pedagógica. Fomos educados de forma tradicional, sem reflexão, e refletir hoje sobre o que faço em sala de aula já é um grande passo no fazer pedagógico.

O portfólio é uma coletânea de atividades reflexivas e nelas coloco minha aprendizagem, minha prática, atividades das minhas crianças, ou seja, é

um registro do que aprendo e ensino e isso é muito bom, pois acompanho o meu desenvolvimento.
Temos mais liberdade de criar e autonomia para perceber a importância da teoria para observarmos nossa prática.
Fazemos associações entre o que aprendemos na academia com o que realizamos em nossa escola e, ainda, com nosso contexto histórico, político, econômico e social.
Somos "obrigados" a pensar sobre o que lemos e a repensar nossa prática.

Alguns professores-alunos declararam já adotar o portfólio com seus alunos:

Já uso o portfólio com meus alunos.
Os alunos têm uma pasta onde colocam os trabalhos que representam seu desenvolvimento e crescimento no decurso do ano.
Na nossa sala de aula existe o caderno coletivo reflexivo, que é levado para casa cada dia por um aluno, para ele refletir sobre a aula do dia, considerando os aspectos bons e ruins e trazendo contribuições acerca do assunto estudado (textos, gravuras etc.) (...) tem permitido às crianças a autonomia para criticar e registrar suas impressões acerca do meu trabalho pedagógico (...) os resultados são maravilhosos e motivadores.
Já utilizei, mas não de forma interdisciplinar. O que fiz foi um portfólio de ciências sobre a água, e este ano pretendo fazer um sobre a história do Gama.
Cada aluno tem uma pasta onde ele arquiva seus trabalhos e avaliações. No final do semestre, o aluno e o responsável podem, juntos, avaliar o aprendizado.
Tenho trabalhado com os alunos montando uma pasta com atividades mais significativas.
Os alunos arquivam seus trabalhos em um caderno de atividades onde eles podem verificar o seu crescimento e retomar alguma atividade em que sentirem necessidade.
Utilizo com registros cotidianos de produções de textos, de atividades realizadas coletivamente, como brinquedos, desenhos, fazendo levantamento das necessidades ainda existentes sobre assuntos trabalhados.

Os depoimentos parecem indicar que o portfólio ainda não está sendo adotado em turmas de educação infantil e séries iniciais da educação fundamental em seu sentido pleno. Alguns professores-alunos afirmaram usar o portfólio, mas não explicaram o processo. Outros justificaram o não uso com argumentos como falta de tempo, de preparação e de recursos materiais. Este último mostra incompreensão quanto ao sentido e ao significado do portfólio. Um dos professores-alunos declarou que está fazendo, primeiramente, o portfólio da turma, para depois introduzir o de cada aluno. É uma decisão interessante porque pode dar mais segurança ao professor; tanto ele como os alunos vão se preparando para a outra etapa, a do trabalho individual.

7. Portfólio e criatividade

Encontraram-se algumas referências ao princípio da criatividade. Eis algumas delas:

> Sinto-me bem, porque é o momento em que entro em contato com as minhas produções, onde utilizo minha criatividade para refletir acerca de minhas aprendizagens. Gosto porque uso minha autonomia, que é um princípio que eu aprecio.
> Sinto-me muito bem, dando-me múltiplas chances de "crescer"! Posso refletir sobre meus trabalhos e temas estudados, usar minha criatividade, construir coisas belas e que têm mais sentido para mim, me avaliando também.
> Sinto-me diferente no sentido de me perceber privilegiada e valorizada por poder estar fazendo uso de um tipo de avaliação que leva em consideração também a minha criatividade e as minhas produções.
> Através do portfólio eu mesma crio minha avaliação.

Esses depoimentos revelam o alcance da criatividade e sua articulação com os outros princípios.

8. Aspectos facilitadores da construção do portfólio

Foram os seguintes os aspectos apresentados com mais frequência:

- os textos;
- os livros sugeridos;
- os trabalhos em grupo;
- a socialização do portfólio;

- a autonomia;
- integração entre teoria e prática;
- desenvolvimento da criatividade;
- organização semilivre;
- construção;
- liberdade de expressão;
- parceria com o mediador;
- discussões em sala;
- pesquisa pela Internet;
- a prática na escola;
- reflexões coletivas;
- trabalhos feitos paulatinamente;
- leituras complementares;
- poder usar diferentes linguagens;
- interação com colegas e mediadores;
- palestras;
- troca de experiências;
- mostrar atividades que deram certo em sala de aula;
- leitura de bibliografia instigante;
- "o interesse por novas tecnologias levou-me a um crescimento e a buscar novas possibilidades de registro";
- o uso do computador;
- construção ao longo do processo;
- criticidade;
- reflexão;
- atuação em sala de aula;
- liberdade de escolha quanto à confecção;
- possibilidade de mostrar atividades que foram bem-sucedidas ou nas quais houve dificuldade em sala de aula;
- o embasamento teórico dos módulos e das palestras;

- algumas propostas apresentadas nos módulos;
- a mediação;
- autoavaliação.

O aspecto apresentado com mais frequência foi a autonomia, algumas vezes associada à criatividade.

9. Aspectos dificultadores da construção do portfólio

Os aspectos apontados pela maioria dos professores-alunos foram o tempo escasso de que dispunham para a construção do portfólio e a falta de computador pessoal (os dos laboratórios de informática nem sempre funcionavam). Outras dificuldades:

- grande quantidade de trabalhos "que se choca com a quantidade de atividades do nosso dia a dia no trabalho";
- pouco contato com os tutores;
- "dificuldades de aceitação de novas ideias por parte do grupo de professores da escola, dificultando a melhoria da práxis no coletivo escolar";
- "entender o sentido prático do mesmo";
- usar a criatividade;
- "a subjetividade empregada na sua avaliação";
- "a falta de hábito em autogerir minhas atividades e identificar os pontos-chave a serem abordados";
- "a impossibilidade de escolha pelo cursista";
- a não entrega dos módulos no início do trabalho;
- "o fato de saber que será objeto de avaliação";
- "dar uma forma mais adequada, mais condizente com um trabalho universitário".

Chamou a atenção o fato de alguns professores-alunos terem mencionado "dificuldades financeiras" para construir o portfólio, sem especificá-las. Contudo, parte dessa explicação poderá estar em outras respostas. Mencionou-se a dúvida: ele deve ser manuscrito ou digitado? Outras pistas: a falta de computador pessoal e de recursos financeiros para "tirar xerox" de textos. De qualquer forma, esse aspecto precisa ser investigado, porque o trabalho com o portfólio não pode ser considerado para poucos. Afinal de contas, o curso é oferecido em uma universidade pública, para professores da rede pública de ensino. O curso investe na qualidade social para todos.

Alguns professores-alunos mencionaram "as exigências do mediador" como uma das dificuldades. Assim eles se posicionaram:

... mesmo aqueles que dizem que é livre, ressaltam a falta de algo que ele [o mediador] gostaria de encontrar no portfólio;

... a preocupação com a forma. Apesar de o atual monitor não considerar esse aspecto como principal, fico receosa, pois, em outros momentos, já fui cobrada e posteriormente ainda poderei ser cobrada;

... o portfólio é pessoal, porém o mediador insiste em querer que o trabalho final tenha um formato concebido por ele e não pelo seu criador (aluno).

O fato de o portfólio ser pessoal precisa ser bem entendido pelos mediadores e professores-alunos. É pessoal no sentido de que o aluno toma algumas decisões e participa da tomada de outras, em atendimento aos objetivos do curso, aos propósitos do portfólio e aos descritores para sua avaliação. Cabe-lhe, por exemplo, criar o formato do portfólio, selecionar as atividades que evidenciam suas aprendizagens, buscar atividades complementares etc. Por outro lado, o mediador é o professor, a autoridade, o responsável pela coordenação do trabalho pedagógico. Freire, em diálogo com Shor, comenta que o professor

(...) nunca poderá deixar de ser uma autoridade, ou de ter autoridade. Sem autoridade é muito difícil modelar a liberdade dos estudantes. A liberdade precisa de autoridade para ser livre. (rindo) É um paradoxo, mas é verdade. A questão para mim, no entanto, é que autoridade saiba que seu fundamento está na liberdade dos outros; e se a autoridade nega essa liberdade e corta essa relação que a embasa, então creio que já não é mais *autoridade* e se tornou *autoritarismo* (...) estou convencido de que o educador, sem levar em conta se trabalha no nível da pré-escola, da escola de 1º grau, ou da universidade, tem que assumir a autoridade necessária que deve ter, sem ultrapassá-la e destruí-la, tornado-se autoritário. (Freire e Shor 1986, p. 115)

A "mania de deixar tudo para a última hora" e "ter sempre deixado para organizá-lo no final do semestre", como afirmaram dois professores-alunos, pode ser, em parte, responsável pela falta de tempo, dificuldade indicada pela maioria. Afinal de contas, fomos acostumados a executar as tarefas determinadas pelos professores de maneira fragmentada, no tempo por eles estipulado, segundo os critérios estabelecidos somente por eles. Poder fazer escolhas e trabalhar segundo o próprio ritmo ainda são capacidades a serem adquiridas.

Vários professores-alunos mencionaram que as dificuldades ocorreram no início do trabalho com o portfólio; com o passar do tempo, elas foram sendo superadas. Alguns se referiram ao cansaço provocado pelo trabalho do PIE, exigente, somado ao desenvolvido nas escolas onde atuavam.

10. É o momento de se reverem entendimentos

Ainda faltam coragem, condições para ousar e apoio dos gestores de educação. Professores-alunos explicaram os motivos de não usarem o portfólio com seus alunos:

Falta de tempo, de recursos, insegurança; tendo dificuldade para a construção do meu porta-fólio, como trabalhar com o aluno?
Falta de iniciativa e até de planejamento.
Por enquanto só estou usando observações diárias e atividades das crianças.
Ainda não me dispus a dedicar mais tempo aos alunos e abrir mão das outras atividades que realizo.
Não uso o portfólio com meus alunos porque acho que a maneira como avalio é justa e se aproxima de certa forma do portfólio. Não senti necessidade de mudar, ainda.
Acho complicada uma avaliação como essa para se aplicar aos alunos. Talvez pegando apenas uma área para desenvolver seja mais fácil.

Como o desenvolvimento do porta-fólio é novo para mim, prefiro primeiro ter experiência para depois poder implantá-lo na turma. Ainda não consegui adequar o planejamento e os assuntos a serem trabalhados de forma autônoma. Os alunos, pais, direção e colegas ainda estão presos ao modelo de resultados objetivos.

O tempo está curto para uma avaliação contínua.

Sempre guardo algumas atividades de meus alunos, suas produções, e reunimos tudo num envelope e uso toda essa produção para avaliar o crescimento, os avanços deles.
Não fazemos o portfólio como no PIE. Desenvolvemos os mesmos processos, mas não sistematizamos em um trabalho final, que seria o portfólio em si.
Parece ser um contrassenso. Sou muito a favor da adoção do portfólio, mas não tenho me dedicado a desenvolver este trabalho em minha atividade docente. Quando chego à escola, parece que estou vivendo em um outro mundo e o sistema tem me desanimado muito.

O último depoimento parece sintetizar a solidão pedagógica vivida pelos professores em seu trabalho. Os que querem inovar e ousar o fazem, mesmo trabalhando solitariamente. Os que ainda não se dispuseram a dedicar mais tempo aos alunos e abrir mão das outras atividades que realizam, conforme um dos depoimentos, parece que têm toda liberdade para agir assim. Não há quem os incomode. A aprendizagem dos alunos é pouco cobrada da escola e dos professores. Reivindicam-se notas altas e aprovação, como se elas significassem aprendizagem.

Os professores-alunos que afirmam já adotar o portfólio com seus alunos ainda o fazem com insegurança, limitações e, principalmente, sem apoio da direção da escola. Um trabalho como esse deve ser organizado por toda a escola. O grupo de professores precisa ter toda a orientação necessária e os pais devem ser preparados para acompanhar, compreender e aceitar o processo.

Um grupo de professores-alunos parece entender que o trabalho com o portfólio só se aplica a alunos que já sabem escrever. Vejamos:

Ainda não estou usando o portfólio com meus alunos porque, desde o início do curso, trabalho com a 1ª série e meus alunos todos são imaturos, dependentes.

Não foi possível usar o portfólio, os meus alunos são de 2ª série e estão iniciando o processo da leitura e escrita, mas estamos discutindo sobre o portfólio.

Os alunos citados no primeiro depoimento poderiam ser beneficiados com o uso do portfólio; seria uma maneira de eles ganharem autonomia e de elevarem sua autoestima. Nos dois depoimentos parece estar implícita a ideia de que o aluno que não sabe escrever ainda não pode construir seu portfólio. O mesmo foi apontado por professores-alunos da educação infantil:

> Trabalho com a educação infantil e faço apenas a coletânea das atividades juntamente com os alunos, porque ainda não escrevem, só têm cinco anos.
> Estou trabalhando com crianças de cinco anos, iniciantes. Também acho que para um trabalho com o portfólio é necessário ter um trabalho com todas as pessoas do coletivo, com objetivos bem definidos.
> Com a minha turma é muito difícil aplicá-lo, pois os alunos são muito imaturos e dependentes.
> Os meus alunos têm seis anos e ainda não sei como trabalhar com eles, dando-lhes autonomia para que possam construir o porta-fólio.

Essas manifestações demonstram a necessidade de discussão sobre o formato do portfólio em turmas de educação infantil. De certa forma, esse tipo de trabalho já tem um início. É prática comum os professores dessa área reunirem as produções das crianças para mostrá-las a seus pais. Esse é um primeiro passo. Para que se chegue ao portfólio, cabe ao professor definir o seu propósito, o que incluir, como incluir, o tempo a ser abrangido pelas produções (um mês, um bimestre, um semestre etc.). O fato de as crianças não saberem escrever não é obstáculo para a construção do portfólio. Ele atenderá às características do grupo. Essa é uma de suas vantagens. Com criatividade, o professor planejará sua construção, levando em conta o tempo de que dispõe para isso. O professor terá suas responsabilidades e, aos poucos, ajudará as crianças a adquirir as suas, como, por exemplo, selecionar os "trabalhinhos" de que elas mais gostam. Durante esse processo, o professor ficará atento para fazer perguntas e anotá-las: por que esse trabalhinho? Por que você acha que ele está melhor que o outro? Outras perguntas decorrerão da conversa. Os argumentos das crianças são escritos pelo professor no portfólio. Podem ser inseridos comentários sobre o desenvolvimento do aluno em todas as dimensões da aprendizagem, fotos, narrativas etc. Se possível, podem ser usadas fitas cassete e de vídeo. O importante é fazer o portfólio com os recursos existentes e ajudar os alunos a desenvolver autonomia. Já tive uma aluna do curso de Pedagogia que era professora em uma escola de educação infantil que adotava o portfólio. Essa professora demitiu-se da escola porque não dava conta de escrever o portfólio de cada uma das cerca de 30 crianças da turma com que trabalhava. Essa sobrecarga de trabalho assusta desnecessariamente os professores, que acabam desistindo do processo. Tive oportunidade de examinar um dos portfólios dessa escola. A mãe da criança de três anos, supostamente a proprietária do portfólio, me disse que não via seu filho naquela "pasta". "Para que tanto trabalho?" – disse-me ela. "Imagino que os portfólios das outras crianças da turma sejam iguais a esse". A professora havia escrito à mão todo o portfólio, no qual estavam coladas fotos das crianças sempre em grupos, em atividades diversas, mas sem possibilitar a compreensão do desenvolvimento de cada uma em particular.

Com criatividade e os recursos disponíveis, o professor da educação infantil pode trabalhar com as crianças na construção de cada portfólio, inserindo pequenos comentários sobre suas conquistas e registrando suas falas mais significativas. Assim, elas vão aprendendo desde cedo a avaliar e se avaliar, por meio de um processo do qual participam. Sem dúvida, essa é uma grande aprendizagem.

Uma professora da educação infantil afirmou que já adota o "álbum de atividades da semana". Esse já é um primeiro passo para a construção do portfólio. Talvez falte envolver os alunos nesse processo.

11. Esse processo é bom, mas...

... é muito trabalhoso;
... é muito cansativo;
... demanda muito tempo;
... requer condições financeiras;
... os mediadores são exigentes;
... é muito pessoal;
... pode se tornar repetitivo;
... pode se transformar em "apenas um colecionador de atividades";
... não deve ser o único meio de avaliação;
... é monótono e meio padronizado.

As respostas dos professores-alunos ao questionário revelaram as percepções anteriormente citadas, em relação às ressalvas que fazem ao uso do portfólio. Esses "mas" é que precisam ser analisados por todos os que se envolvem em sua construção. Passado o primeiro momento de contato dos mediadores e dos professores-alunos com esse procedimento de avaliação, quando é dada a largada para a construção de um processo que rompe com a avaliação tradicional, surge o segundo momento, de reflexão sobre o que já foi obtido e sobre as necessidades de avanço. Não se pode esquecer que está sendo avaliada a aprendizagem de professores em exercício que, enquanto têm seu trabalho no curso avaliado, também avaliam seus alunos. Esse fato traz uma responsabilidade muito grande para o curso. Nesse aspecto, ele tem sido singular: não se tem notícia de um curso de Pedagogia para professores em exercício no início da escolarização que atenda a um número tão grande de cursistas e use esse procedimento de avaliação. As informações fornecidas pelos professores-alunos indicam a possibilidade de ampliação do processo de tomada de decisão do qual eles participam. É o momento de avançar, dando-lhes chance de selecionar as atividades que demonstrem sua aprendizagem. Contudo, cabe agir com prudência. A dimensão dessa ampliação de tomada de decisão pode ser discutida por cada mediador com os grupos com os quais trabalha. Não há necessidade de padronização das ações em todo o curso. Os mediadores também estão em condições de identificar até que ponto sua turma pode avançar, sem prejuízos. A participação nesse processo é fundamental. Ela também será uma aprendizagem importante para todos os envolvidos. Como nos ensinam Freire e Shor (1986, p. 114), é impossível "ensinar participação sem participação! É impossível só falar em participação sem experimentá-la".

Todos os autores que nos auxiliam a pensar sobre a construção do portfólio afirmam, como já foi mencionado, que ele se constitui em evidências de aprendizagem selecionadas pelo próprio aluno. No caso do PIE, houve a decisão de ele ser, inicialmente, semidirecionado, por se tratar de um grupo muito grande de cursistas não acostumados a esse tipo de avaliação, e pelo fato de ser um procedimento desconhecido também por parte dos mediadores. No entanto, agora já é possível avançar, porque os próprios professores-alunos pedem isso.

Concluo a apresentação dos achados da segunda parte da pesquisa, coletados por meio de um questionário aplicado a 145 professores-alunos do primeiro grupo, que iniciou o curso em 2001, com o depoimento de um deles: "que outros profissionais tenham oportunidades semelhantes à que estamos vivenciando. Que nosso esforço seja válido e valorizado".

O "Inforum": Outra fonte de pesquisa

Na sua página na Internet, o PIE conta com o "Inforum", uma lista permanente de discussão entre mediadores, professores-alunos, tutores e autores dos módulos. Dentre os depoimentos dos professores-alunos, retirei alguns que se referem ao trabalho com o portfólio e apresento-os a seguir:

> Construindo o meu porta-fólio, senti-me como que gerando um filho (...) agonia, aflição, incertezas, dores (literalmente... estou com tendinite...). Mas, ao mesmo tempo, a sensação de estar construindo algo meu é gratificante, embora a primeira vez seja sempre um tanto mais difícil em tudo, talvez pelo fato de estar há muitos anos sem exercitar a minha capacidade criadora, senti muita dificuldade em registrar minhas percepções. Muitas vezes levei dias para conseguir escrever com alguma coerência algo que queria passar. Senti, também, grande dificuldade pela falta de tempo, pois trabalho todo o dia, como a maioria dos cursistas, cuido da casa, das filhas (...). Pretendo programar melhor meu tempo e com certeza a experiência valeu, e muito. Principalmente porque minha mediadora esteve sempre ao nosso lado, incentivando e orientando. (26/11/2002)

> Sou muito suspeita para falar da construção do meu Porta-fólio. Foi trabalhoso fazê-lo, mas muito gratificante também! Apesar dos meus poucos conhecimentos na área de informática, ainda não tinha me aventurado a fazer um *site*. Na minha opinião, o Porta-fólio, para ser aplicado na educação básica, requer um mínimo de preparo e organização por parte do professor. É uma nova concepção de avaliação que precisa ser cuidadosamente aplicada para que não se torne uma arma contra nós, professores, no sentido de ser mal interpretado (por pais e outros profissionais que não estão sentindo o prazer de fazer o PIE), como uma fuga das tradicionais notas, semanas de prova, recuperações desastrosas e outras formas de avaliar o aluno. (25/11/2002)

> As vantagens da construção do portfólio e de seu uso são: a liberdade que eu tive em construí-lo; os momentos de socialização com a mediadora e minhas colegas; a oportunidade que eu estou tendo em compartilhar a construção, os desafios e as dificuldades. Não está sendo fácil organizar e conciliar minha vida particular e profissional com a vida acadêmica. Mas a construção do portfólio está me norteando, me sinto mais organizado,

disciplinado e reflexivo. Estou conseguindo aplicar várias atividades sugeridas nos módulos com meus alunos. Até as atividades em que nós usamos filmes, temos agora uma visão mais crítica e a leitura dos alunos ficou mais apurada na hora de fazer registros. Tenho compartilhado o meu fazer pedagógico com o coletivo da escola; sinto que a minha prática está sofrendo uma mudança prazerosa. (26/11/2002)
A minha experiência com o Porta-fólio tem sido muito trabalhosa, mas inovadora para mim. Confesso que já me senti angustiada com a construção do Porta-fólio, mas tenho aprendido muitas coisas, também. Espero que a construção do Porta-fólio possa me ajudar como pessoa e como profissional. Espero, também, contribuir para a formação dos meus alunos. (6/12/2002)
Produzir o meu primeiro Porta-fólio foi enriquecedor, pois estava adormecida no que se refere a refletir sobre temas diversos. O conhecimento adquirido neste semestre (espero que se repita nos próximos) jamais será esquecido, pois ele não foi decorado para uma avaliação escrita futura. Ele foi, sim, discutido, debatido, refletido e registrado em cada Porta-fólio pelos cursistas e, com certeza, houve o crescimento pessoal e profissional. (7/12/2002)
Todos os pontos estudados são importantes, cada qual em seu aspecto e como um todo, para formar um conjunto que é o porta-fólio. Tenho aprendido muito com essa construção diária e frequente em minha prática, que, de certa forma, tem influenciado meu crescimento pessoal além do profissional, pois, a partir dele, posso analisar o que fiz e o que ainda posso e devo fazer para crescer. Isso é uma construção baseada na observação que nada mais é que uma avaliação. (25/11/2002)
É muito gratificante pensar que concluímos com sucesso mais um módulo. Que coisa boa é a consciência do dever cumprido! Que coisa boa é pensar que foi difícil, foi cansativo, desgastante, mas prazeroso ver os resultados. *Me orgulho de apreciar a minha obra.* Sinto como se houvesse sido mais uma gestação. Obrigada, Deus! (13/12/2002) (Grifos meus)
Quando se faz um trabalho pessoal, portanto, subjetivo, tem-se logo uma identidade única; por que, então, avaliá-lo? (15/12/2002)

Observe-se que quase todos os depoimentos registram a palavra portafólio com a inicial maiúscula. Interpreto isso como um sentimento de orgulho pela sua construção e por seu caráter de pertencimento ao professor-aluno. Outro destaque que se pode fazer é a vinculação do portfólio ao trabalho em desenvolvimento. O professor não se refere a ele simplesmente como um procedimento de avaliação – percebe-se sua inserção no trabalho. O depoimento que ressalta o orgulho em apreciar a obra realizada é muito significativo. Outro aspecto a ser comentado é a percepção de que a construção do portfólio é trabalhosa, mas dá satisfação. As informações registradas no "Inforum" coincidem com as obtidas por meio do questionário aplicado aos professores-alunos.

Confrontando os dados da pesquisa

As informações fornecidas pelos mediadores e pelos professores-alunos permitem a formulação das reflexões que se seguem.

Mudar a cultura avaliativa é um processo longo, lento e coletivo. No PIE, a adoção do portfólio tem dado resultados satisfatórios porque: a) o currículo é constituído por temas integradores e não por disciplinas isoladas e oferecidas por professores que, individualmente, decidem a condução do trabalho pedagógico; b) os mediadores coordenam todo o trabalho pedagógico e o portfólio é o procedimento de avaliação utilizado por todos; c) o planejamento do trabalho pedagógico é feito coletivamente, sistematicamente, por meio de encontros semanais de todo o grupo; d) os mediadores participam da tomada de decisões e da construção dos documentos orientadores. As decisões sobre o processo avaliativo são tomadas com a participação de todos os mediadores, que são os docentes do curso. Trata-se de um processo realmente colaborativo, desenvolvido com unidade de pensamento e ação. Como consequência, os mediadores são os próprios construtores do processo de trabalho, o que constitui aprendizagem para eles e para os professores-alunos.

O portfólio ainda é percebido por alguns professores-alunos como um "instrumento". Há a solicitação de que ele não seja o único procedimento de avaliação. Um dos mediadores apresentou como uma das dificuldades, já apresentadas: "A avaliação subjetiva do mediador. Eles [professores-alunos] reclamam que dão o máximo de si, mas esse máximo está representando o mínimo para o mediador. *Percebo que existe uma lacuna nessa avaliação, mas não sei qual é*" (grifos meus).

A lacuna a que o(a) mediador(a) se refere pode ser o seu entendimento de que o portfólio não é suficiente para avaliar todas as dimensões da aprendizagem. Como a substituição da avaliação tradicional por um processo que valorize a aprendizagem de todos os alunos, levando em conta as diferentes linguagens, está em construção pelo grupo, o passo seguinte é a inserção do portfólio no processo avaliativo que foi aqui explicitado. Vários depoimentos apontam essa percepção pelos professores-alunos. Um forte argumento para isso é o seguinte: o portfólio é construído pelo professor-aluno. Assim sendo, como considerar os dados da avaliação feita pelo mediador, pela observação e pelas conversas informais com os professores-alunos? Como considerar a avaliação informal? Inevitavelmente ela está presente. Como tirar proveito dela? A resistência de alguns professores-alunos em ter seu portfólio avaliado por outra pessoa e até mesmo o fato de um deles se sentir "espionado" parecem se apoiar na crença de que ele não pode ser o único procedimento de avaliação. Como o processo avaliativo do curso está sendo construído pelo grupo, esse parece ser um aspecto que merece estudos e discussão aprofundados.

Os depoimentos dos mediadores e dos professores-alunos revelam que o trabalho pedagógico do PIE está sendo afetado pela avaliação por meio do portfólio. Vale a pena salientar trechos de alguns dos depoimentos de professores-alunos:

... entro em contato com minhas produções;
... utilizo minha criatividade;
... uso minha autonomia;
... chances de crescer;
... construir coisas belas e que têm mais sentido para mim;
... sinto-me diferente;
... crio minha avaliação;
... meu trabalho é valorizado;
... acompanho meu desenvolvimento.

Tudo isso faz crer que o portfólio está mudando o rumo da formação desses professores-alunos. Ele é acompanhado de objetivos que direcionam o trabalho do curso. A antiga prática de "transmissão de conhecimentos" e de avaliação unilateral seletiva e excludente está cedendo lugar ao processo de trabalho em que predominam a construção, a reflexão, a criatividade, a parceria, a autoavaliação e a autonomia.

4
TECENDO ARTICULAÇÕES ENTRE PORTFÓLIO, AVALIAÇÃO E TRABALHO PEDAGÓGICO

Neste livro discutem-se as possibilidades de uso do portfólio, tendo como ponto de referência a avaliação formativa e o trabalho pedagógico do qual faz parte. Ao promover a aprendizagem do aluno e do professor e o desenvolvimento da escola, essa avaliação possibilita o desenvolvimento do que se entende por trabalho pedagógico, concebido, realizado e avaliado por todos os que dele participam. Portanto, falar de portfólio requer que se fale da avaliação formativa e do contexto educativo que ela cria e, também, que dela resulta. Nesse sentido, o portfólio não é considerado um simples "instrumento" de avaliação, usado em determinados momentos, mas um procedimento que pode extrapolar sua função avaliativa inicial, consolidando-se como o eixo norteador do trabalho pedagógico. Afinal, como afirma L.C. de Freitas (1995, p. 95), o par objetivos/avaliação norteia o par conteúdos/método, como foi mencionado anteriormente.

Em todo o texto é utilizada, propositalmente, a expressão "trabalho com o portfólio",[1] para indicar que a avaliação não acontece em momentos

---

1. Klenowski usa a expressão "portfólio de trabalho" (2003, p. 3).

isolados do trabalho pedagógico: ela o inicia, permeia todo o processo e o conclui. Basta examinar os princípios nos quais o portfólio se apóia para perceber que ele orienta o desenrolar das atividades. Ele ocupa posição de destaque no processo. Conclui-se, então, que avaliação e a aprendizagem se imbricam e se confundem. Na educação infantil e nos anos iniciais da educação fundamental, quando a interação entre professor e aluno é mais intensa, é mais nítida a indissociabilidade avaliação-aprendizagem. Portanto, falar de avaliação é falar do trabalho pedagógico. E o que é trabalho pedagógico?

Significado do trabalho e do trabalho escolar

Para que se entenda a organização do trabalho pedagógico escolar, faz-se necessário situá-lo nos movimentos históricos que determinaram a forma atual de organização do trabalho, de modo geral.

Marx (1989) concebe o trabalho como todas as formas de atividade humana pelas quais o homem se relaciona com a natureza visando transformá-la, apreendendo, compreendendo e transformando a realidade que o cerca, sendo, nesse processo, transformado por ela. O trabalho é um ato exclusivamente humano e por ele o homem se diferencia dos animais.

> Uma aranha executa operações semelhantes às do tecelão, e a abelha supera mais de um arquiteto ao construir sua colmeia; mas o que distingue o pior arquiteto da melhor abelha é que ele figura na mente sua construção antes de transformá-la em realidade. No fim do processo do trabalho aparece um resultado que já existia antes idealmente na imaginação do trabalhador. Ele não transforma apenas o material sobre o qual opera; ele imprime ao material o projeto que tinha conscientemente em mira, o qual constitui a lei determinante do seu modo de operar e ao qual tem de subordinar sua vontade. (Marx 1989, p. 202)

Saviani (1991, p. 19) nos ensina que o trabalho não é qualquer tipo de atividade, mas uma ação adequada a finalidades, sendo, portanto, uma ação intencional. Pelo trabalho o homem objetiva-se na natureza, nos instrumentos, com uma determinada finalidade, à qual subordina sua vontade e sua própria ação. Assim, um dos aspectos essenciais do trabalho humano é sua adequação a uma finalidade. Outra característica também essencial é a unidade e a combinação entre os atos de concepção e execução.

Se esse é o caráter geral do trabalho como atividade vital do homem e de suas relações com a natureza, essas relações

> (...) se materializaram e adquiriram características particulares através da história, oriundas das várias maneiras como os homens se relacionam entre si e com a natureza e se organizam para produzir sua vida material, em cada formação social. Cada modo de produção muda a forma como se organiza o processo de produção da vida material e espiritual, passando, por exemplo, no feudalismo, do conhecimento e do controle absolutos que os trabalhadores tinham sobre o seu próprio trabalho – trabalho manual, com características artesanais –, realizando eles mesmos todas as etapas da produção, até a dependência total do trabalhador aos ritmos próprios da produção fabril, na sociedade capitalista, em que o saber do artesão incorporado às máquinas conduz à perda do conhecimento e do domínio sobre o processo de trabalho. O próprio trabalho, agora dividido, parcelado e distribuído a vários operários diante das máquinas impede também ao trabalhador o domínio do seu processo, agora, posse do capital. (H.C. de Freitas 1996, p. 38)

A característica principal da formação social capitalista é, portanto, a divisão do trabalho, e com ela a existência de duas classes fundamentais antagônicas entre si: o trabalhador que, para sobreviver, vende sua força de trabalho ao capitalista (que detém os meios de produção), submetendo-se a condições desumanas de trabalho, e o dono do capital. No capitalismo, o próprio trabalho é transformado em forma particular de mercadoria (H.C. de Freitas 1996, p. 39).

A cisão na forma como o homem se relaciona com a natureza (o trabalho) – homens que só possuem sua força de trabalho *versus* homens que possuem os meios de produção – tem vários desdobramentos, informa H.C. de Freitas (*op. cit.*, p. 39). A mesma autora, baseando-se em Harry Braverman, estudioso do assunto (autor de um livro clássico, *Trabalho e capital monopolista: A degradação do trabalho no século XX*), esclarece que a divisão social do trabalho, característica de todas as sociedades, nada tem a ver com essa divisão no interior do trabalho, uma característica particular da sociedade capitalista.

Enquanto a divisão social do trabalho cinde a sociedade entre ocupações, assegurando o caráter social do trabalho, cada qual associada a determinado ramo da produção, a divisão pormenorizada do trabalho, no interior das fábricas, destrói ocupações consideradas como tal e torna o trabalhador inapto a acompanhar qualquer processo completo de produção. Expropriado de seu trabalho e do conhecimento sobre ele, o trabalhador se desumaniza. (H.C. de Freitas 1996, p. 39)

Assim,

(...) enquanto a divisão social do trabalho subdivide a *sociedade*, a divisão parcelada do trabalho subdivide o *homem*, e enquanto a subdivisão da sociedade pode fortalecer o indivíduo e a espécie, a subdivisão do indivíduo, quando efetuada com menosprezo das capacidades e necessidades humanas, é um crime contra a pessoa e contra a humanidade. (Braverman 1974, p. 72)

A divisão do trabalho no capitalismo, ao separar a concepção da execução, faz com que as relações dos homens com a natureza e entre si assumam características diferenciadas e antagônicas. Essa separação gera a fragmentação do trabalho e do conhecimento, levando à desumanização, uma vez que os homens perdem o domínio sobre o processo de trabalho e, consequentemente, a possibilidade de se fazerem homens pelo trabalho (H.C. de Freitas 1996, p. 40).

O surgimento do capitalismo representou, por um lado, o progresso em relação à fase anterior da vida social – o feudalismo –, mas, por outro lado, seu desenvolvimento só foi possível por meio da exploração cada vez maior da classe operária, concentrando do lado oposto a ela a riqueza produzida por uma imensa maioria de trabalhadores que, ao mesmo tempo em que produzem os bens necessários à existência da sociedade, aprofundam progressivamente sua própria miséria e alienam-se como homens.

Atualmente, vivemos o reordenamento dos pilares do capitalismo. Para compreendermos esse reordenamento, é preciso entendermos as diversas alterações que vêm ocorrendo no mundo do trabalho, inclusive a grande exclusão apresentada em forma de emprego estrutural.

Com a internacionalização da economia, a expansão dos sistemas de comunicação, a revolução da telefonia e o desenvolvimento da informática em diversos setores de serviços, a base científico-tecnológica do trabalho passa a ser assentada na microeletrônica, o que tem introduzido modificações no mercado de trabalho. Com isso, estabelecem-se a crise do trabalho assalariado, o aumento do desemprego e a livre negociação entre patrão e empregados na busca da manutenção do emprego, surgindo, portanto, novas relações de trabalho.

Após essas breves considerações sobre a organização do trabalho, de modo geral, pode-se pensar no trabalho escolar. Quem o desenvolve? Que trabalho é esse? Como ele se insere no trabalho, de modo geral?

Saviani (1991, p. 20) nos ajuda a entender isso. A educação é um trabalho, situando-se na categoria do trabalho não material, como produção de ideias, conceitos, valores. Trata-se, em última instância, "da produção do saber, seja do saber sobre a natureza, seja do saber sobre a cultura, isto é, o conjunto da produção humana". Nessa produção não material, o ato de produzir e o ato de consumir imbricam-se, diferenciando-se, por exemplo, de atividades – como a produção de livros e objetos de arte – em que o produto se separa do produtor, havendo um intervalo entre produção e consumo. Poderíamos, então, dizer que o trabalho escolar é predomi-nantemente intelectual? Enguita (1993, p. 243) esclarece que

> (...) não existem, propriamente, trabalhos estritamente intelectuais nem estritamente manuais, mas tão-somente trabalhos que são predominantemente uma coisa ou outra. O mais simples dos trabalhos manuais acarreta algum grau de atenção, premeditação e vontade, enquanto o mais puro (perdoem os adjetivos obviamente enviesados) trabalho intelectual exige ao menos um certo esforço físico.

Enguita (*idem*, p. 240) descreve como os diferentes mecanismos, rituais e práticas que constituem o trabalho escolar se aproximam do processo de trabalho de modo geral. Assim como o trabalhador "insere-se no processo de trabalho como algo já dado, predeterminado, sobre o qual sua capacidade de influência é nula", de maneira análoga, já está dada e predisposta a organização da escola para o aluno, privado da capacidade de criá-la ou modificá-la. Quando o aluno chega à sala de aula, já foram determinados todos os aspectos do que será sua experiência escolar: a configuração do espaço, a distribuição do tempo, a gama de materiais utilizáveis, a disposição que se pode fazer deles, a estruturação e a classificação dos estudantes em grupos, a estrutura hierárquica e a divisão de incumbências na escola, o que deve ser ensinado e aprendido, a forma de fazê-lo etc.

O trabalho escolar, como foi dito há pouco, é geralmente considerado como trabalho intelectual, mas, segundo Enguita (1993, p. 243), "se observarmos a distinção entre concepção e execução, salta à vista que se trata primordialmente de um trabalho de execução"; sua maior parte é composta de memorização, processos rotineiros e tarefas repetitivas. A concepção desse trabalho costuma ser de responsabilidade apenas dos professores, embora progressivamente vá se deslocando para as mãos das autoridades e dos fabricantes de mercadorias educacionais, diz o autor. Isso é especialmente certo no ensino primário e só começa a deixar parcialmente de sê-lo em níveis superiores de educação, considera Enguita. Esse autor chama a atenção para o fato de que cada classe pratica um trabalho escolar análogo à função que logo lhe corresponderá no trabalho produtivo. Como ilustração, ele afirma que "um ditado, obviamente, não é a mesma coisa que uma redação ou uma dissertação, nem um exercício de cálculo é igual a um problema, nem a aprendizagem de memória da lista dos reis godos equivale à interpretação das causas das guerras mundiais, qualquer que seja". Explica o autor que essas diferentes atividades têm diferente valor propedêutico e pedagógico e expressam formas de trabalho escolar diversas, ou seja, relações sociais diferentes.

Como se pode perceber, as relações no processo de produção capitalista estão presentes no interior da escola, de formas diversas. A avaliação é outra prática que se aproxima do processo produtivo. Com o objetivo de acompanhar o desenvolvimento integral dos alunos, as práticas avaliativas desempenham papel importante no processo seletivo, promovendo a sua eliminação da escola ou a sua manutenção nela. Dentre os mantidos, nem todos obtêm sucesso ou recebem as condições necessárias para que aprendam. Como um dos exemplos, cita-se o dos alunos que repetem várias vezes a mesma série, dos quais se costuma esperar que um dia abandonem os estudos. Segundo Bourdieu e Champagne (1998, p. 224), a escola exclui, mantendo em seu interior aqueles que exclui. Os excluídos quase sempre são os filhos das classes trabalhadoras.

L.C. de Freitas (1991, p. 20) considera que os objetivos, métodos e conteúdos, componentes do trabalho em sala de aula, são impregnados de relações de poder

(...) que se sustentam a partir das práticas de avaliação do professor – em especial nas primeiras séries do primeiro grau. Tais relações de poder, guardadas as especificidades da fábrica e da escola, esta última com função mediadora, são uma antecipação, na escola, das relações de poder no interior da fábrica.

Chegou o momento de entendermos o significado de *trabalho pedagógico*, expressão usada neste livro. A expressão *trabalho pedagógico* comporta dois significados. O primeiro se refere ao trabalho realizado por toda a escola; não apenas aquele realizado diretamente com os alunos, mas também o que auxilia a realização deste, como a coordenação pedagógica, a secretaria escolar, a orientação educacional, a merenda, as atividades de biblioteca etc.

Em sentido restrito, o trabalho pedagógico resulta da interação do professor com seus alunos, em sala de aula convencional e em outros espaços. Neste caso, é o trabalho realizado pelo professor com o grupo de alunos, composto por tarefas docentes e discentes. O uso dessa expressão requer o entendimento de que o trabalho pedagógico pertence ao professor e aos alunos, não cabendo ao primeiro referir-se "à minha aula", "à minha disciplina", "à minha prova" etc., excluindo a corresponsabilidade dos alunos. Trabalho pedagógico é aquele realizado em parceria. Portanto, tanto o professor quanto o aluno desenvolvem trabalho na escola. Para que o aluno vai à escola? Para aprender, se diz. As atividades de aprendizagem que ele realiza não constituem seu trabalho? É certo que ele realiza um trabalho diferente daquele do professor, que é remunerado, mas é o seu trabalho, com características peculiares. Se assim tratarmos o ofício do aluno e com ele organizarmos o trabalho pedagógico em regime de corresponsabilidade, estaremos contribuindo para a formação do cidadão capaz de inserir-se criticamente na sociedade. Nessa perspectiva, abandona-se a ideia da *transmissão do saber* por parte do *mestre* e adota-se a imagem de um *saber construído* por meio de uma atividade disciplinada, o trabalho.

A escola é, pois, o local de trabalho do professor e do aluno; é o espaço onde se organizam e desenvolvem as atividades de aprendizagem e que possibilita a criação, pelo aluno, dos sentimentos de *pertencer* ao grupo e de ser *proprietário* daquilo que constrói.

Analisando o ofício de aluno, Perrenoud (1995, p. 71) afirma que "fazer um bom trabalho, na escola, é fazer um trabalho não-remunerado, largamente imposto, fragmentado, repetitivo e constantemente vigiado". Nessa situação, a energia dos alunos não é investida na busca de melhores resultados. Acrescenta o autor que alguns profissionais estão acostumados a trabalhar perante um público que segue passo a passo seus ensaios e erros. Porém, em muitos ofícios, os trabalhadores não suportariam ser observados permanentemente. Entregam o produto acabado, mas o método de produção fica, em parte, na esfera do seu domínio privado. Na aula, afirma Perrenoud (*idem*), o trabalho do aluno está em constante exposição, porque

> (...) o professor pode espiar por cima do seu ombro, pedir-lhe para lhe levar o caderno, investir no seu trabalho, fazer-lhe uma pergunta sem lhe dar tempo para refletir, antecipar um erro que ainda não foi cometido, responsabilizá-lo pela demora em escolher ou em avançar mais depressa do que aquilo que o aluno é capaz. Munido, em geral, de boas intenções, o professor imiscui-se, todavia, sem cessar, na "esfera pessoal" dos alunos. (P. 71)

Ao analisar o sentido do trabalho escolar, Perrenoud (1995, p. 227) acredita que toda a escola é responsável por organizar o ofício de professor e o ofício de aluno. E como fica a avaliação nesse contexto?

Portfólio: Fugindo da submissão dos alunos a uma avaliação alheia[2]

Os alunos costumam submeter-se a trabalho pedagógico e a processo avaliativo inteiramente organizados por outras pessoas. Segundo Enguita (1989, p. 203),

---

2. O último capítulo da minha tese de doutorado tem como título "Conclusão: Submissão a uma avaliação alheia" (Villas Boas 1993). Neste livro apresento o portfólio como uma possibilidade de superação da avaliação com essa característica.

(...) na escola aprende-se a estar constantemente preparado para ser medido, classificado e rotulado; a aceitar que todas nossas ações e omissões sejam suscetíveis de ser incorporadas a nosso registro pessoal; a aceitar ser objeto de avaliação e inclusive desejá-lo. O agente principal do processo de avaliação é o professor, mas a ele se somam os corpos examinadores externos (exames de seletividade para o acesso à Universidade na Espanha, exames públicos na Inglaterra e no País de Gales, exames de Estado na França), os especialistas em campos vizinhos da educação, introduzidos nas escolas (psicólogos, orientadores, assistentes sociais), e a pletora de visitantes ocasionais a elas enviados pelos organismos públicos e de pesquisa.

Como subverter essa ordem?

Retomemos as contribuições de L.C. de Freitas (1995, p. 144), para quem a avaliação se atrela a objetivos, como já se mencionou, formando um par que é chave para compreender e transformar a escola. Além disso, o autor recomenda que se inicie o estudo do binômio objetivos/avaliação pelo exame da avaliação, porque ele permite desvelar os objetivos reais da escola e não somente os proclamados. Confrontando-se essas contribuições de Freitas com a denúncia de Enguita de que o aluno não participa da concepção do trabalho escolar e que realiza atividades rotineiras e repetitivas, percebe-se a necessidade de buscar outra lógica para o binômio objetivos/avaliação, na escola, de modo geral, e na sala de aula, de forma a inserir o aluno no processo de tomada de decisões. Surge, assim, o portfólio como um procedimento condizente com a avaliação formativa, com a potencialidade de romper com a avaliação classificatória, unilateral, punitiva, seletiva e excludente. Adequadamente trabalhado, o portfólio tem a possibilidade de reorganizar o trabalho pedagógico escolar, rumo à formação de cidadãos capazes de pensar e tomar decisões e não apenas realizar tarefas repetitivas, como denuncia Enguita.

A avaliação por meio do portfólio pode contribuir para a reorganização de um trabalho pedagógico que transforme a escola pública na educadora do Brasil (expressão usada por Labriola 2003, p. 32), dadas as suas características e possibilidades já apresentadas. Em 2002, estavam matriculados 44 milhões de jovens e crianças na rede pública e 6 milhões na rede privada. A rede pública é a que sempre atenderá os pobres, cada vez mais numerosos. Ela é a que acolhe os repetentes e os inadimplentes da rede privada, contingente que vem crescendo a cada ano. O trabalho que as escolas públicas vêm desenvolvendo tem sido largamente questionado, não por culpa dos professores – que também são vítimas do descaso que elas sofrem –, mas sobretudo porque elas não recebem apoio do poder público, nas suas várias instâncias. A adoção de procedimento avaliativo comprometido com a aprendizagem de alunos e professores e com o desenvolvimento da escola é um dos caminhos para a construção de sociedade mais justa.

REFERÊNCIAS BIBLIOGRÁFICAS

ALLAL, L. (1986). "Estratégias de avaliação formativa: Concepções psicopedagógicas e modalidades de aplicação". *In*: ALLAL, L.; CARDINET, J. e PERRENOUD, P. (orgs.). *A avaliação formativa num ensino diferenciado.* Coimbra: Almedina.

APPLE, M.W. (1987). *Educación y poder.* Barcelona: Paidós.

ARTER, J.A. e SPANDEL, V. (1992). "Using portfolios of student work in instruction and assessment". *Educational measurement: Issues and practice*, pp. 36-44.

BARTON, J. e COLLINS, A. (1997). *Portfolio assessment: A handbook for educators.* Nova York: Dale Seymour Publications.

BATISTA, C.O.; MOTA, C.; PIRES, E.L. e VILLAS BOAS, B.M. de F. (2003). "Que fim damos às avaliações que construímos? O processo avaliativo do PIE". (Mimeo.)

BERTAGNA, R.H. (2003). "Progressão continuada: Limites e possibilidades". Tese de doutorado. Campinas: FE/Unicamp.

BLACK, P. e WILIAM, D. (1998). "Inside the black box: Raising standards through classroom assessment". *Phi Delta Kappann,* out., pp. 139-148.

BOURDIEU, P. e CHAMPAGNE, P. (1998). "Os excluídos do interior". *In:* NOGUEIRA, M.A. e CATANI, A. (orgs.). *Escritos de educação.* Petrópolis: Vozes.

BOURDIEU, P. e PASSERON, J.C. (1975). *A reprodução: Elementos para uma teoria dos sistemas de ensino.* Rio de Janeiro: Francisco Alves.

BRASIL (1996). Lei de Diretrizes e Bases da Educação Nacional – LDB – nº 9.394.

BRAVERMAN, H. (1974). *Trabalho e capital monopolista: A degradação do trabalho no século XX*. Rio de Janeiro: Zahar.

CARDINET, J. (1986). "A avaliação formativa: Um problema actual". *In*: ALLAL, L.; CARDINET, J. e PERRENOUD, P. (orgs.). *A avaliação formativa num ensino diferenciado*. Coimbra: Almedina.

CASTANHO, M.E.L.M. (2000). "A criatividade na sala de aula universitária". *In*: VEIGA, I.P.A. e CASTANHO, M.E.L.M. (orgs.). *Pedagogia universitária: A aula em foco*. Campinas: Papirus.

CLAXTON, G. (1999). *Wise up: The challenge of lifelong learning*. Londres: Bloomsbury.

CONTRERAS, J. (2002). *A autonomia de professores*. São Paulo: Cortez.

CROLL, P. (org.) (1996). *Teachers, pupils and primary schooling: Continuity and change*. Londres: Cassell.

DALBEN, A.I.L. de F. (1992). *Trabalho escolar e conselho de classe*. Campinas: Papirus.

DAVIDSON, J.E.; DEUSER, R. e STERNBERG, R.J. (1994). "The role of metacognition in problem solving". *In*: METCALF, J. e SHIMAMURA, A.P. (orgs.). *Metacognition knowing about knowing*. Massachusetts: Massachusetts Institute of Technology, pp. 207-226.

EASLEY, S. e MITCHELL, K. (2003). *Portfolios matter: What, where, when, why and how to use them*. Ontário: Pembroke Publishers Ltd.

ENGUITA, M.F. (1989). *A face oculta da escola: Educação e trabalho no capitalismo*. Porto Alegre: Artmed.

_____ (1993). *Trabalho, escola e ideologia: Marx e a crítica da educação*. Porto Alegre: Artmed.

FERREIRA, A.B.H. (1999). *Novo Aurélio Século XXI: O dicionário da língua portuguesa*. 3ª ed. Rio de Janeiro: Nova Fronteira.

FREIRE, P. (1998). *Pedagogia da autonomia: Saberes necessários à prática educativa*. 9ª ed. São Paulo: Paz e Terra.

FREIRE, P. e SHOR, I. (1986). *Medo e ousadia: O cotidiano do professor*. Rio de Janeiro: Paz e Terra.

FREITAS, H.C. de (1996). *O trabalho como princípio articulador na prática de ensino e nos estágios*. Campinas: Papirus.

FREITAS, L.C. de (1991). "Organização do trabalho pedagógico". Campinas: FE/Unicamp. (Mimeo.)

_____ (1995). *Crítica da organização do trabalho pedagógico e da didática*. Campinas: Papirus.

GIPPS, C.; McCALLUM, B. e HARGREAVES, E. (2000). *What makes a good primary teacher? Expert classroom strategies*. Londres: Routledge Falmer.

GOLDSTEIN, H. (1997). "Value added tables: The less-than-holy grail". *Managing schools today*, mar., pp. 18-19.

GRONLUND, N.E. (1979). *O sistema de notas na avaliação do ensino*. São Paulo: Pioneira.

HACKER, D.J. (1998). "Definitions and empirical foundations". *In*: HACKER, D.J.; DUNSLOSKY, J. e GRAESSER A.C. (orgs.). *Metacognition and educational theory and practice*. New Jersey: Lawrence Erlbaum, pp. 1-23.

HARGREAVES, A.; EARL, L. e RYAN, J. (2001). *Educação para a mudança: Recriando a escola para adolescentes*. Porto Alegre: Artmed.

HARLEN, W. e JAMES, M. (1997). "Assessment and learning: Differences and relationships between formative and summative assessment". *Assessment in education: Principles, policy & practice*, vol. 4, nº 3. UK: Carfax Publishing Limited, nov.

HOUAISS, A. e VILLAR, M. de S. (2001). *Dicionário Houaiss da Língua Portuguesa*. Rio de Janeiro: Objetiva.

KLENOWSKI, V. (2000). "Portfolios: Promoting teaching". *Assessment in education: Principles, policy & practice*, vol. 7, nº 2. UK: Carfax Publishing, Taylor & Francis Ltd., jul.

_____ (2003). *Developing portfolios for learning and assessment: Processes and principles*. Londres: Routledge Falmer.

LABRIOLA, L.P. (2003). "E o futuro da escola pública?". *Folha de S.Paulo*, Caderno Sinapse, 26/8.

LOONEY, A. (2000). "Between hope and despair: Towards a new symbiosis of curriculum and assessment". Portfólio construído como exigência do Programa de Doutorado em Educação. Londres: Instituto de Educação/Universidade de Londres.

LUCKESI, C.C. (1995). *Avaliação da aprendizagem escolar*. São Paulo: Cortez.

MARX, K. (1989). *O capital*, vol. I. 13ª ed. Rio de Janeiro: Bertrand Brasil.

MURPHY, S. (1997). "Teachers and students: Reclaiming assessment via portfolios". *In*: YANCEY, K.B. e WEISER, I. (orgs.). *Situating portfolios: Four perspectives*. Logan, Utah: Utah State University Press, pp. 72-88.

NODARI, P.C. (1997). "A ética aristotélica". *Síntese: Nova fase*, vol. 24, nº 78. Belo Horizonte.

PERRENOUD, P. (1984). *La fabrication de l'excellence scolaire*. Genebra: Librairie Droz.

_____ (1986). "Das diferenças culturais às desigualdades escolares: A avaliação e a norma num ensino diferenciado". *In*: ALLAL, L.; CARDINET, J. e PERRENOUD, P. (orgs.). *A avaliação formativa num ensino diferenciado*. Coimbra: Almedina.

_____ (1995). *Ofício de aluno e sentido do trabalho escolar*. Porto: Porto Editora.

POLLARD, A. *et al.* (1994). *Changing english primary schools? The impact of the education reform act at key stage one*. Londres: Cassell.

RIOS, T.A. (2001). *Compreender e ensinar: Por uma docência da melhor qualidade*. São Paulo: Cortez.

SÁ-CHAVES, I. (1998). "Porta-fólios: No fluir das concepções, das metodologias e dos instrumentos". *In*: ALMEIDA, L.S. e TAVARES, J. (orgs.). *Conhecer, aprender, avaliar*. Porto: Porto Editora.

SADLER, R. (1989). "Formative assessment and the design of instructional systems". *Instructional Science*, nº 18, pp. 119-144.

SAVIANI, D. (1991). *Pedagogia histórico-crítica: Primeiras aproximações*. São Paulo: Cortez & Autores Associados.

SEIDEL, S. *et al.* (1997). *Portfolio practices: Thinking through the assessment of children's work*. Washington, DC: NEA Professional Library Publication.

SHEPARD, L. (2000). "The role of assessment in a learning culture". Discurso de abertura do encontro anual da Associação Americana de Pesquisa Educacional, pelo seu presidente. New Orleans, 26/4.

SOUSA, C. (1998). "Porta-fólio: Um instrumento de avaliação de processos de formação, investigação e intervenção". *In*: ALMEIDA, L.S. e TAVARES, J. (orgs.). *Conhecer, aprender, avaliar*. Porto: Porto Editora.

STIERER, B. *et al.* (1993). *Profiling, recording and observing: A resource pack for the early years*. Londres: Routlege.

STIGGINS, R. (1999). "Assessment, student confidence, and school success". *Phi Delta Kappan*, vol. 81, nº 3, nov., pp. 191-198.

TARDIF, M. (2002). *Saberes docentes e formação profissional*. Petrópolis: Vozes.

TARDIF, M.; LESSARD, C. e LAHAYE, C. (1991). "Esboço de uma problemática do saber docente". Revista *Teoria e Educação*, nº 4. Porto Alegre: Pannonica.

UnB/FE/PIE (2000). "Projeto do PIE". (Mimeo.)

VALENCIA, S. (1990). "A portfolio approach to classroom reading assessment: The whys, whats, and hows". *The reading teacher*, jan., pp. 338-340.

VEIGA, I.P.A. (2002). "Professor: Tecnólogo do ensino ou agente social?". *In*: VEIGA, I.P.A. e AMARAL, A.L. *Formação de professores: Políticas e debates*. Campinas: Papirus.

VEIGA, I.P.A.; SOUZA, J.V.; BORGES, L.F.F. e RESENDE, L.M.G. (2001). "Formação de profissionais da educação e inovações pedagógicas". Relatório de pesquisa. Brasília: FE/UnB.

VILLAS BOAS, Benigna M. de Freitas (1993). "As práticas avaliativas e a organização do trabalho pedagógico". Tese de doutorado. Campinas: FE/Unicamp.

_____ (1994). "Práticas avaliativas e organização do trabalho pedagógico: Uma pesquisa etnográfica na 5ª série do 1º grau". Relatório de pesquisa. Brasília: FE/UnB.

_____ (2000). "A avaliação nos cursos de formação de profissionais da educação no Distrito Federal: Confronto entre a teoria e a prática". Relatório de pesquisa. Brasília: FE/UnB.

_____ (2001). "Avaliação formativa: Em busca do desenvolvimento do aluno, do professor e da escola". *In*: VEIGA, Ilma P.A. e FONSECA, Marília (orgs.). *As dimensões do projeto político-pedagógico: Novos desafios para a escola*. Campinas: Papirus.

_____ (2002). "Saeb, Enem, 'provão': Onde fica a avaliação escolar?". *In*: SHIGUNOV NETO, Alexandre e MACIEL, Lizete Shizue B. (orgs.). Reflexões sobre a formação de professores. Campinas: Papirus.

_____ (2003). "Repensando a avaliação no curso de pedagogia: O portfólio como uma prática possível". Estudos em avaliação educacional. São Paulo: Fundação Carlos Chagas, jan./jun., pp. 115-132.

Especificações técnicas

Fonte: Times New Roman 10,5 p
Entrelinha: 13,5 p
Papel (miolo): Offset 75 g/m^2
Papel (capa): Cartão 250 g/m^2